共享小康生活系列读物

社\会\新\风\与\文\化\生\活

现代婚丧
喜庆文化读本

胡元斌 主编

新疆人民出版社
伊犁人民出版社

图书在版编目（CIP）数据

现代婚丧喜庆文化读本 / 胡元斌主编. -- 奎屯：伊犁人民出版社, 2015.9
（社会新风与文化生活）
ISBN 978-7-5425-1494-3

Ⅰ.①现… Ⅱ.①胡… Ⅲ.①婚姻—风俗习惯—基本知识—中国②葬俗—基本知识—中国 Ⅳ.①K892.22

中国版本图书馆CIP数据核字（2015）第200580号

责任编辑：李　欢
封面设计：大华文苑

社会新风与文化生活
现代婚丧喜庆文化读本
胡元斌　主编

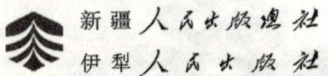

出版发行	新疆人民出版总社 伊犁人民出版社 （新疆奎屯市北京西路28号　833200）
经　　销	新华书店
印　　刷	唐山新苑印务有限公司
版　　次	2015年9月第1次印刷
印　　次	2015年9月第1次印刷
开　　本	690mm×960mm　1/16
印　　张	9
字　　数	100千字
定　　价	29.80元

前　言

党的十八大报告提出了到2020年全面建成小康社会的宏伟目标。其核心是"全面"，即追求多领域协同发展、不分地域、不让一个人掉队、不断发展的全面小康；其内容是"五位一体"，即建成经济、政治、文化、社会、生态文明的全面小康，是不可分割的有机整体。

小康生活，是广大人民群众梦寐以求的幸福生活；而小康社会，则是我党苦苦奋斗、孜孜追求、一心想为广大人民群众创造的一种幸福社会。经过全党和全国人民的共同努力，经过三十多年的改革开放，我国人民生活总体上达到了小康水平，我国进入了全面建成小康社会，并加快推进现代化建设的新阶段。党中央提出的全面建成小康社会的奋斗目标、基本任务和总体要求，为全国人民描画了今后的幸福生活，这是全党的共同任务，也是广大人民群众义不容辞的责任。为此，特推出"共享小康生活"系列读物，旨在广大人民群众提高自身素质，共建小康社会，共享小康生活。

要建成小康社会，享受小康生活，首先要过上平安健康的生活。常常可以看到，有些人和家庭因为安全或健康出了问题，导致整个人生和家庭都不幸，因残疾而穷困，因病痛而潦倒，同时也给社会增加了很大负担。还有些人涉黄、涉赌、涉毒、涉黑等，有些人被骗、被盗、被暴力侵害、被传销坑害、被邪教毒害等，从此陷入人生和家庭的不幸。这些都与建成小康社会背道而驰。小康生活就是要把"平安是福，健康是金"的理念转化为现实。"共享小康生活"之"安全预防与平安生活"读本，主要介绍交通出行、用电用火、网络生活、运动锻炼、食品卫生、疾病预防、劳动防护、黄赌毒黑、社会治安及自然灾害等方面的预防知识，悉心告诫，关怀备至，是教导广大人民群众安全每一天、幸福每一刻的最好读本。

要建成小康社会，享受小康生活，就要创造社会新风尚，过上有文化有品位的幸福生活。常常可以看到，有些人吃饱了、穿暖了、有钱了，但仍然过着封建的、落后的、愚昧的、腐败的、丑陋的生活，这不是真正的幸福生活，不是小康生活的内容。小康生活包括文化内涵的建设，要体现出民风淳朴、文化品位的时代新风貌。"共享小康生活"之"社会新风与文化生活"读本，主要介绍对联与文书写作、谜语与猜谜游戏、岁时与节气知识、民间剪纸与年画、春节与除夕庆祝、元宵节与灯会、清明节与祭祀、端午节与龙舟、中秋节与赏月以及现代婚丧喜庆等文化知识，民风习俗、节日庆祝，与广大人民群众息息相关，是发扬传统、建设时代文化的普及读本。

要建成小康社会，享受小康生活，就要培养健康的兴趣爱好，享受高雅的休闲娱乐生活。常常可以看到，本来应该高雅享受的休闲娱乐，却被有些人搞得庸俗不堪和声色喧嚣，有人有钱就任性，有人得势就放纵，这最终都是腐败堕落的滑梯。这些与小康生活是格格不入的。小康生活包括自身素质的提高和兴趣爱好的培养。"共享小康生活"之"休闲娱乐与健康生活"读本，主要介绍歌咏、器乐、美术、书法、舞蹈、口才、曲艺、戏剧、表演、游艺等知识，是指导广大人民群众培养休闲娱乐爱好的最佳读本。

要建成小康社会，享受小康生活，就要养成文明的道德行为，不断丰富自己的精神世界。常常可以看到旅游行程中诸如随地吐痰、乱写乱画等不文明的行为举止，不仅国内有，而且还有丢丑到国外的。这些根本不是小康生活的具体表现。小康生活包括行为文明建设和精神文明建设。"共享小康生活"之"休闲娱乐与健康生活"读本，主要介绍阅读、科普、健身、娱乐、游戏、旅行、环保、收藏、棋艺、牌艺等内容，是帮助广大人民群众增强文明行为、提高精神生活的最优读本。

总之，推出本套"共享小康生活"系列读物的目的，是使广大人民群众人人都投身建设小康生活，成为小康社会的建设者，也让广大人民群众人人都能很好地享受小康生活，成为小康生活的享受者，实现2020年全面建成小康社会的宏伟目标。

本套系列读物图文并茂、通俗易读，非常适合广大读者和有关单位机构用以指导现代家庭、社区以及新农村建设。同时，亦适合各级图书馆收藏和陈列。

编　者
2015年7月

目 录

现代结婚礼俗

一、不同形式的结婚礼俗……………………………… 2
二、不同身份的致辞礼俗……………………………… 16
三、不同场合的馈赠礼俗……………………………… 29
四、不同宾客的请柬写法……………………………… 32

现代寿诞礼俗

五、寿诞的基本礼仪…………………………………… 42
六、寿诞的主要程序…………………………………… 49
七、寿宴的基本礼仪…………………………………… 68

现代丧葬礼俗

八、现代丧葬程序……………………………………… 88
九、现代丧葬文告……………………………………… 92
十、丧葬善后事宜……………………………………… 102

现代节日礼俗

十一、元旦、春节礼俗……………………… 106

十二、情人节、三八节等节日礼俗………… 116

十三、建党、建国节日礼俗………………… 127

现代结婚礼俗

我国的传统婚礼，有着上千年的历史以及独具风格的传统喜文化特征，随着时代的变迁，尽管有些礼仪已经逐渐淡出，但保留下来的精髓依然独具魅力。现代结婚礼俗追求时尚个性，浪漫简约，在传统婚俗的基础上，推陈出新，不断变革，甚至把西方的婚礼习俗洋为中用，相互渗透，充满了多元、开放的因素，已经成为婚礼不可缺少的组成部分，深受年轻人推崇。

一、不同形式的结婚礼俗

选择婚期

选择婚期,即商定结婚的日期,过去人们称之为"择日"。这种活动,一般由男方的父母出面,登门拜访女方父母俗称为"求亲",实际上是双方家长共同商议结婚日期和办嫁妆的日期。

由于受传统婚嫁礼俗的影响,有些人不科学地把选择婚期理解为什么选"黄道吉日"或什么"逢双不逢单"等等。一般来说,选择婚期要考虑以下几个方面:

(1)看婚前检查结果。每对青年结婚前都应进行体检,了解双方的健康状况。检查中,如发现有生殖器官异常、梅毒、淋病、麻风病、严重的心脏病、肝炎等,应暂缓婚期,耐心治疗,待身体康复后再结婚。

(2)看女方月经期。月经期内结婚,往往会因性交把细菌带入阴道,通过宫颈进入宫腔,引起子宫膜炎,输卵管炎,还会因盆腔充血而造成血量增多。所以,选择婚期应避开女方的月经期，最好选择在下一次月经来潮前的一周内结婚，因为这段时期为安全期，可以避免结婚当月怀孕，有利于优生优育。

（3）看时节。一般来说，节假日或农闲季节结婚比较适宜，此时男女双方都有时间和精力来做婚前的准备工作，如体检，办理结婚登记手续，安排新房等。同时也便于亲友前来参加婚礼，旅行结婚的则可以有充裕的时间，伉俪携手，尽情地游览名山大川，领略大自然的壮丽风光，使婚礼更添几分色彩。

（4）结婚的准备工作是否就绪了。如新房是否布置好了，该添置的衣物是否都添置齐全了，主要亲友是否都能参加等等。

（5）考虑新人工作任务是否繁重。婚期最好挑选一个工作比较轻松的日子，使婚礼举行得从容些，甚至还可以有一个短

期的蜜月旅行。

（6）选择婚期。婚礼一般选择在节假日或节假日前夕举行，婚期和节日结合在一起，可以增加喜庆的气氛，可以使时间更加宽裕，而且参加婚礼的亲友会更多些。

（7）注意季节。婚期一般应选在春秋或冬天。春天，生机勃发；秋天，金风送爽，都是结婚的佳时。

婚宴礼仪

婚宴也称"吃喜酒"，是婚礼期间为答谢宾客举办的隆重筵席。在整个婚嫁活动中，婚礼是高潮，而婚宴则是高潮的顶峰。

民间婚宴礼仪繁琐而讲究，从入席安座到上菜，从菜品组成到进餐礼节，乃至席桌的布置，菜品的摆放等等，各地都有一整套规矩。

新郎新娘为了使婚宴能够顺利圆满地完成，获得客人的好印象，在婚宴上一定要有周全适当的礼节。

（1）无论是在家里还是在饭店举行婚宴，当客人开始入席时，新郎新娘要双双立于门外，对客人的到来表示感谢（对路程较远、工作繁忙或身体不适仍前来者以及长辈客人，不妨多说几句），一直到最后一位客人入席。

（2）按照"长幼有序"的传统思想，婚宴开始，首先要由一位"牵客"的人（专门负责接待客人，安排座位的人）负责将贺喜宾客按一定的秩序引座。席位安排有主有次,具体方法,各地不尽相同。主席一般为新娘的长辈、媒人、单位领导等重要人物。二席一般为新娘的同辈亲戚和一般宾客。其次是同事、朋友、邻里等,最好是把同性别、年纪相仿、互相熟悉的人安排在一桌。这样在酒席上有共同语言,可增强婚宴气氛。

宾客入座后,不是马上开席,而是先要行一个"茶礼"。新娘在小姑的陪同下,给入座的客人倒"喜茶"(即红糖水),名为倒茶,实为认亲。小姑给嫂子介绍客人的称谓,新娘随后喊一声"××请用茶",客人站起,接过茶杯,喝完后,将准备好的红包放进杯中,新娘收起红包,再给另一位客人倒茶。茶礼结束,筵席才正式开始。

(3)筵席上的菜肴本来都是供人们吃的,但出于某种礼仪,有的菜却只能看而不能吃,叫作"看菜"。"看菜"是一条经过炸制或腌腊的鲤鱼或鲢鱼,鱼的尾部贴有一张小红纸,这是看菜的标志。

在民间婚宴上,有的菜是给赴宴宾客带回家吃的。

这类菜叫"分菜"。分菜一般是炸制的无汁菜，常做成块状或圆子，便于分装携带。这种做法在农村普遍存在。

（4）新郎新娘不要大吃大喝。新郎新娘在婚礼宴席上应多照应客人，让亲朋好友吃好喝好，高兴而来，满意而去。不要只顾自己，大吃大喝，甚至饮酒过度，当场醉倒，那就过于失礼了。但是，要是一点酒都不喝，一点菜也不吃，显得过于拘束、紧张，这种做法也不礼貌。对于客人的敬酒，即使酒量再有限，也要略加表示，至少要举起酒杯向客人致以谢意，并说明不能多喝的理由。

（5）婚宴进行到一定程序（一般多在要结束时），新郎新娘要按主次，依次到各席向每位客人敬酒。敬酒时要亲手为客人将酒杯倒满并双手为客人端起，但不要一律强求客人一饮而尽。等客人放下酒杯后，新郎新娘要说声"谢谢"，并再为客人将酒杯添满，方可再向下一位客人敬酒。

（6）婚宴结束，客人离去时，新郎新娘要双双立于门口，一一同客人握手再见，并说些"谢谢光临""请慢走"之类的话。

结婚礼仪

婚礼，它是历史上遗留的传统习俗，不具有法律上的约束力，只是庆贺婚姻关系确立的一种仪式。婚礼，只是结婚的重要标志，它是我国遗留并沿用至今的一种传统习俗。因此，不铺张、不讲排场的婚礼是可以提倡的，也是合乎情理的。

婚礼的形式和规模，是受社会物质生活和文化生活发展水平的影响和制约的。具体地说，婚礼同人们的民族、宗教信仰、文化素质、道德教养、社会责任感、风俗习惯、家庭环境、个人职业、经济收入以及社会风气等各种因素有关。

仪式应是健康、高雅的，烘托出婚礼快乐、热闹的气氛，给人增添无限喜悦之情。实质是在一种庄严、神圣、幸福、愉快的气氛中，向亲朋好友宣布婚姻关系的确立。

不管举行什么样的婚礼，都必须本着文明、健康、节俭和力所能及的原则，反对铺张浪费。那种讲排场、摆阔气、大肆挥霍的做法是不值得提倡的。特别是个别年轻人互相攀比，在经济上并不宽裕的情况下，为了大讲排场而负债累累，给婚后生活带来不应有的困难，夫妻互相抱怨，有的甚至为了还债铤而走险，贪污挪用公款，盗窃财物，其结果就更可悲了。这样的婚礼所造成的后果是没有什么幸福可言的。

新时代的青年，要不受传统婚礼的束缚，对婚礼进行适应时代需要的改革，创造出绚丽多彩而又文明健康，值得永远纪念的婚礼仪式。

现代婚礼仪式逐渐趋向文明、简朴、生动、活泼，形式亦呈多样化，但传统的习俗仍有一定的影响。目前社会上通行的婚礼，大致有下列几种形式。

家庭婚礼

家庭婚礼是一种被新婚夫妇普遍采用的一种形式,它可以自行选定婚礼的日期,安排婚礼的活动内容,控制婚礼的场面和进程,也可以自己选定婚礼的场地和方式,不受外界的制约,是一种比较自由随便的形式。

准备工作

①清扫房间,布置新房,在大门、卧室、厅堂和通道张灯结彩、贴上婚联。

②确定宾客的名单,提前发出请柬,不管在什么地方举行婚礼,双方的父母及新婚夫妇本人都应邀请各自的亲朋好友参加。

③购置糖果、点心、香烟及其他必需品。

④举行家庭婚宴要准备足够的桌椅和炉灶、厨师、锅碗瓢盆还要采购食品、制定菜谱。

⑤在亲戚朋友中挑好主婚人、总管、接待人员和摄影或录像人员。特别是总管,必须要选头脑清醒、阅历丰富而且能随机应变、口齿伶俐、能言善辩的人担任。

⑥确定婚礼仪式程序,准备好收录机、磁带以及照相机和胶卷、摄像机和录像带等。

⑦新郎新娘要准备好婚礼的礼服、服饰品、红花、标签及即席发言腹稿和应付各种可能出现的刁难、恶作剧的心理准备。

⑧双方父母也要准备好送给新郎新娘的礼物以及其他心理准备。

婚礼仪式程序

新房的布置并非易事，往往要花费很多人力和物力，新房布置好后，要注意保护新房的整体美。按照一般情况而言，新房较小，而参加婚礼的宾客（特别是小孩）又多，因此，婚礼仪式不宜在新房而应在厅堂举行。家庭婚礼可不设司仪，由主婚人主持即可，等客人到齐后，结婚典礼即可开始。

①新郎新娘就位（胸前佩戴红花和标签），播放欢快的乐曲；

②新郎新娘向家人的来宾敬烟、糖和茶点之类的食物；

③新郎新娘讲话，向来宾表示欢迎和感谢；

④主婚人向新郎新娘表示祝福和勉励；

⑤来宾致贺词；

⑥自由发言；

⑦新郎新娘介绍恋爱经过，表演节目；

⑧新郎新娘向双方父母献花、鞠躬；

⑨双方父母向新郎新娘赠送礼物；

结婚典礼结束，送新郎新娘入洞房，或者开始婚宴。

在婚礼过程中，来宾可戏闹，不受拘束，自由自在的品尝糖、烟、茶点之类的食物，如果设婚宴，结婚典礼宜在宴前举行。担任摄像或摄影人员应在整个婚礼中捕捉各种场合上的有趣镜头，当然要突出新人这一主体，以作新婚夫妇之永久纪念。

集体婚礼

所谓集体婚礼，就是几对、十几对，甚至上百对青年在一起同时举行的一种婚礼形式。集体婚礼的主办者可以是一个单位或者是一个群众组织，或者是几个单位、几个组织一起联合举办。也有所在乡、县、区、市一级的政府机关举办的集体婚礼，参加者以自愿为原则，不可勉强。参加集体婚礼，不受礼也不举行婚宴。可由主办单位统一发出请柬，如果是单位单独举办的，也可以张贴大红纸海报的形式，告示本单位职工自由参加。

准备工作

主办单位必须做好集体婚礼的准备工作：

①布置婚礼礼堂，要根据参加人数选择一个大小适宜而又宽敞、明亮、洁净的大厅，礼堂布置要显得庄重、大方、温馨、高雅。可以拉一条横幅，配以对联，再饰以各种彩带、花草和五彩缤纷的灯光，以增添婚礼浓烈的喜庆气氛；

②预备好用以招待来宾的喜糖、香烟和茶水以及送给新郎新娘的纪念品；

③确定婚礼仪式的时间和程序，用工整的字体抄写在大红纸上，然后张贴于举行婚礼的礼堂墙上；

④确定致贺词人员（单位或组织领导人、来宾代表、家长各一名）和致答谢词人员（新人代表一名），并分别准备好贺

词和答谢词（不宜太长，每人以不超过五分钟为佳）；

⑤确定司仪（最好男女各一人）；

⑥预备好给新人佩戴的红花和标签；

⑦准备好彩带和彩纸及撒彩纸的人；

⑧指定好摄影人员并准备好照相机和胶卷；

⑨请一支小型乐队；

指定好服务人员。

婚礼仪式程序

①司仪宣布仪式开始；

②奏乐；

③请参加集体婚礼的各对新人入席，撒彩纸；

④新人请出席集体婚礼的领导和来宾吸烟、喝茶、吃喜糖；

⑤请领导人致贺词；

⑥请来宾代表致贺词；

⑦请家长代表致贺词；

⑧请新婚夫妇的代表致答谢词；

⑨自由发言；

表演小节目；

全体新人向领导、来宾、服务人员和家长鞠躬致礼；

向新郎新娘赠送纪念品；

结婚典礼结束。

旅行结婚

旅行结婚，是在青年男女登记结婚后所选择的一种结婚形式。旅行结婚打破了我国长期以来的传统婚礼束缚，不举行任何仪式。向单位告假，向亲朋好友告别，这实际上就是向人们宣告：我们结婚了。既不受礼，又不请客，节省了大量的人力、物力和财力。从精神上免除了劳累之苦，从心理上丢掉了受情还情的压力，从经济上也减轻了负担。更难得的是，借此良机饱览了祖国的锦绣河山，开阔了视野，增长了知识，一举数得，何乐而不为？

舞会婚礼

舞会婚礼是以跳舞为主要庆贺形式的结婚典礼。举行舞会时，会跳舞的上场跳舞，不会跳舞的则可在场边鼓掌助兴或说笑娱乐。其特点是场面热闹，气氛浓郁，健康文明，活泼欢快，感情比较融洽，而且比较经济。

对于一对即将结为夫妻的男女来说，婚礼舞会是他们一生中最为隆重、最难忘却的一次舞会，举办者不能掉以轻心，须郑重谨慎、周密细致，特别不能有礼仪上的疏忽。具体的准备工作应包括以下若干方面：

物色好舞会主持人

婚礼舞会不可能由新人来主持，也不能由新人双方的父母长辈来主持。最合适的人选是关系密切的朋友，或是一方单位的领导人，或是夫妇的介绍人。婚礼舞会主持人必须精明干练，气质高雅且擅长交际应酬，能说会道。一个合适的婚礼主持人，是舞会婚礼成功的前提。

舞厅的布置

可根据来宾数量，选择大小适当的礼堂、俱乐部或会议厅等，注意不要使舞会显得过于拥挤，但也不要显得过于空旷。也可包租舞场或在露天场地举行。不论是自己找场地还是包租舞场，场地的布置都要隆重、热烈，突出婚礼的喜庆色彩。按照中国民俗，必须以和暖热烈的红色为主调。有三种东西不可缺乏：大红双喜字、大红绸结和红绸飘带或鲜花（最好有一个硕大的花篮），再配上彩纸花环，彩带彩灯，渲染出隆重、热烈、富丽堂皇的喜庆气氛。舞会的灯光应比一般舞会的灯光亮一些，以利于宾主往来交际应酬。

选择好舞曲

婚礼舞会舞曲的选择应突出婚礼的特色。主要应选择一些曲调轻缓的舞曲，如慢三步、慢四步（布鲁斯）、探戈、华尔兹等，也可选一些快三步、快四步舞曲。不宜选迪斯科、伦巴等节奏激烈的舞曲。

做好接待事宜

由于舞会场面大，人员多，因此，主办者在招待时应特别细心。首先要准备足够的座椅，特别是单位领导和亲朋中的长辈，必须有所安置，让其倚西靠东是十分不礼貌的。其次要准备喜糖、果品、点心、饮料，还可适当准备一些低度酒。如果来的客人文化层次较高，不妨借用鸡尾酒会的形式，将招待用的食品集中放置一处，任其各取所需。其三要注意乐手歌手的招待，虽然付有报酬，但他们也是舞会中有特殊身份的宾客，他们演奏演唱的水平发挥如何也是舞会成功的重要因素。其四要多关照不太擅长跳舞的来宾，以免让他们有冷落的感觉。

新婚夫妇及双方家长应在舞厅门口恭候宾客，舞会结束后，应在舞厅门口向来宾致谢送别。

新郎新娘在婚礼上的礼仪

新郎新娘是婚礼的主人，是婚期的重要对象。因此必须具备得当的礼仪，一般说来，主要应注意以下几点：

仪表着装

新婚喜庆，新郎新娘要格外注意仪表，可适当化妆，做好发型。新郎一般穿西装系领带，新娘一般穿婚纱，并适当佩戴项链、耳环等金银饰物，但不可过多，以免俗气。

迎宾待客

新郎新娘应手持鲜花双双立于大门口迎接客人，不可来回走动。客人到来时应热情地表示欢迎和感谢，适时地介绍给家中的长辈或其他客人，然后依辈分按次序让座。敬烟敬茶时要用双手送上，并为吸烟的长辈或平辈客人敬双数烟并点火。

谈话说笑

与长辈交谈要诚恳谦恭，不可高谈阔论，信口开河；与平辈讲话要热情礼貌，注意谦逊；对晚辈要热情友好。不可无休止地纵声大笑，或沉默寡言，不苟言笑。

坐立行走

不可歪歪斜斜地坐在沙发上，更不可高跷二郎腿，站立讲话时，要腰板挺直，不要全身抖动或前后左右经常挪动；行走时不要慢慢吞吞，状似散步，但也不要跑来跑去，或快步疾走，要注意走姿和节奏。

相互配合

新郎新娘在婚礼上要双出双入，应注意礼节，例如应相互向对方介绍各自的长辈或亲戚、朋友；相伴而行时，双方不要离得太远，但也不要过于亲昵；如有宾客取闹，应相互为对方解围；入座时，应让新娘先坐；送客时，应一起同客人告别。

二、不同身份的致辞礼俗

主婚人致辞

例一：

各位至亲、各位朋友、各位女士、各位先生：

你们好！

今天是苏涛先生和陶岚女士的新婚喜宴。

首先我代表东家苏玉章、裴晓芹夫妇，对诸位嘉宾的光临，表示热烈的欢迎。

尊敬的各位朋友，你们是友谊和吉祥的使者。你们的光临，你们身上带来的祥云瑞气，给今天的新婚喜宴增光添彩，使丽都餐厅蓬荜增辉。在今天这个大喜的日子，你们送来了温暖，送来了友谊，送来了吉祥，更送来了最美好的祝福。为此，我代表东家对各位嘉宾表示深深的感谢！

今天是1997年10月18日，是个良辰吉日，在这个大吉大利的日子里，我们英俊潇洒的新郎官和典雅漂亮的新娘子喜结百年之好，真可谓是珠联璧合，天赐良缘。在这里我代表各位嘉宾：

　　祝福你们小两口相亲相爱，白头偕老；

　　祝福你们小家庭甜甜蜜蜜，美满幸福；

　　祝福你们在事业上比翼双飞，前程远大。

我刚刚为新郎新娘拟写了一幅喜联，谨以全体来宾的名义，献给两位新人，算是大家的一点礼物，一片情谊。

（上联）洞房春暖不忘立功四化

（下联）燕尔新婚堪羡好合百年

（横联）天作之美

（有请东家二老上台就座）下面典礼仪式开始：

一拜天地（天地者，诸位嘉宾也）

一鞠躬：送给你感谢

二鞠躬：送给你真诚

三鞠躬：愿大家心想事成，万事亨通

二拜高堂

一鞠躬：孝敬父母养育恩

二鞠躬：愿二老多福多寿少操心

三鞠躬：天伦之乐，乐融融，早日抱个胖孙孙

夫妻对拜

一鞠躬：互敬互爱，白头偕老

二鞠躬：互帮互学，比翼双飞

三鞠躬：计划生育，只生一个

人有双重父母，东家喜得儿媳，让新娘子对着大家响响亮

亮、甜甜美美叫声爸爸妈妈。

下一项议程：

喜宴开始，请大家开怀畅饮，吃好喝好，水酒薄菜，不成招待，望大家海涵。

例二：

各位至亲好友们，各位女士、先生们：

你们好！

在这春暖花开，群芳吐艳的日子里，我们魁梧帅气的杨新华和娇小玲珑的柳小宛今天成天作之合，缔结百年之好。真可谓：杨柳依依，紫燕双飞。作为主婚人，我首先代表东家杨茂林、丁玉萍夫妇，向各位的到来表示热烈的欢迎和诚挚的谢意。

来宾们，你们是友谊的使者，你们是人间的鹊桥，你们携着情、带着意，送来春风暖融融，你们的光临使这里春意更浓，你们的到来令"祥云酒店"增添异彩，让我们在这里和新郎新娘共度这美好的时光。

下面结婚典礼正式开始：

1.有请新郎双亲上台就座。

2.奏乐（喜洋洋或步步高），新郎新娘入场。

3.参拜开始。

红烛高照喜盈盈，新郎新娘面向宾。

一拜天地

一鞠躬：献上一份真情

二鞠躬：送上一份厚意

三鞠躬：真情厚意把我们连在一起

二拜高堂

一鞠躬：感谢父母养育恩

二鞠躬：孝敬父母是本分

三鞠躬：愿二老身体康健享天伦

夫妻对拜

一鞠躬：志同道合配成好伴侣

二鞠躬：协力齐心建设新家园

三鞠躬：夫唱妇随

4.东家喜添儿媳，新娘又得父母，请新娘当着来宾的面，欢欢喜喜、甜甜蜜蜜叫爸爸妈妈。

5.公公婆婆送新娘红包

下一项议程：

喜宴开始，请大家吃得满意，喝得开心，玩得尽兴（宴后有舞会）。东家再一次致以谢意。

伉俪致辞

新郎

命运之神使你我今生相伴，你心中有我，我心中有你，你与我亲密无间，情同心随，一路相偕到底；我的心灵，我的一切，我都愿让你拿去，只求给我留下一双眼睛，让我能看到你。

你就是童话里的仙女，给了我生活的芳香，给了我生命的春天。我用心喜欢你的质朴、自然、诚挚、机敏和温情，还有你那令人心醉，充满魅力的迷人的微笑。

我爱月，爱它纯，爱它明，爱它圆；我爱你，爱你真，爱你善，爱你美。

新娘

我只要求你对我说一句真诚的话，一句一辈子只能说一遍的话，一辈子只有我才明白的话。

我的心如圣诞之烛为你燃烧，我的脑中有个小小的港湾，遥盼你来停泊。不论你去何处，我的心追寻着你的踪影，你落在地上的每一个足印，都会使我激动不已。

在众人目光的倒影中，我们获得了"爱"的肯定。你说要天长地久，我说是永无止境！你说要爱到海枯石烂，我说是爱到地老天荒！

集体婚礼主婚人致辞

例一：

各位领导、各位嘉宾、各位女士、各位先生们：

首先，我代表二十对即将举行婚礼的新郎新娘对前来参加婚礼的各位嘉宾表示热烈的欢迎！

今天是1997年10月1日，是我们伟大祖国的国庆日。金风送爽，丹桂飘香，在这个喜庆的日子里，二十对新人喜结良缘，真可谓是天作之合，好事成双。在这里我代表各位嘉宾向你们表示祝福，祝福你们：

美满婚姻，花开并蒂。

永结同心，鸾凤和鸣。

下面典礼仪式开始：

首先，所有新郎新娘向来宾三鞠躬。

一鞠躬：祝大家身体康健，事事称心。

二鞠躬：祝大家工作顺利，万事兴。

三鞠躬：祝中华大家庭安泰强盛。

现在，所有新郎新娘互相对拜。

一鞠躬：互敬互爱，琴瑟和谐。

二鞠躬：互帮互学，比翼齐飞。

三鞠躬：携手共进，前程万里。

下一个议程：

来宾代表致贺词。

例二：

各位新郎新娘们：

今天，我们工、青、妇和一些企事业单位的代表共五百多人参加你们的婚礼，我们感到万分高兴。

繁事简办，移风易俗，勤俭节约，既紧跟时尚，又体现个性风采，我代表所有来宾对你们表示热烈的祝贺。你们都是有志青年，是四化建设的生力军，相信你们在今后的工作、生活道路上能够互帮互学，互相促进，携手开创美好的未来。

现有喜联二十幅，赠给各位新人（略）。

新婚夫妇代表致辞

例：

各位领导、各位同志、各位亲朋好友们：

今天，我们二十对新人在各级领导和同志们的关怀下在青年文化宫举行集体婚礼，我们感到万分荣幸，喜悦的心情难以言表。

我们这二十对青年分别来自祖国的四面八方，能在不同岗位上找到各自的意中人，这离不开各级组织和同志们的关怀。滴水之恩，当涌泉相报，我们今后一定要以百倍的努力，为祖国、为人民作出更大的贡献！

在此，再一次对各级领导和同志们表示深深的谢意。

城市青年婚礼致辞

例：

今天是×××先生和×××女士结婚佳期，宾客盈门，风和日丽,我作为证婚人,感到十分高兴。新郎新娘品学兼优,年轻有为,在经过一个时期的接触和了解后建立了深厚的感情基础,今天结为秦晋之好。我深信,他们在今后的家庭建设、社会贡献方面一定会取得满意和理想的效果。在此,我祝新婚夫妇美满幸福,愿你们用岩石般坚定的旋律,浪涛般澎湃的热情,蓝天般深远的想象,共同去抒写爱的诗意。

农村青年婚礼致辞

例:

今天是×××家和×××家两姓合婚、缔结百年欢的喜庆日子。艳阳高照,风和日暖,我作为证婚人,心里也喜滋滋的。新郎新娘,一个是棒后生,一个是巧闺女,东西两村离得不远,在劳动中他们互相喜欢起来,经过一个时期的了解,今天喜结良缘。相信他们在今后的劳动、生活中,小日子一定会过得和和美美,红红火火。最后,祝他们"莲花并蒂心相印,梧枝连理心灵通,芝兰同好春常在,新婚鱼水两情深。"

军界人员婚礼致辞

例:

今天是×××同志和×××女士喜结良缘之日,首长、战友和亲朋好友欢聚一堂,共同庆贺他们的大喜日子。俗话说,

"有缘千里来相会"，新郎新娘，一位是戍边卫国好儿郎，一位是织锦纺缎俏娇娘；一个保边关，一个建家乡；真可谓是珠联璧合，佳偶天成。我深信，在今后的工作、生活中，他们定会携手并肩，互相支持，开创出属于自己的新天地。家庭是休整的营地，家庭是宁静的港湾。在此，祝你们新婚快乐，万事如意，愿你俩在人生的旅程中永远并肩前进。

商界人士婚礼致辞

例：

今天是6月18日，照咱们商界的行话："一定要发。"在这个大吉大利的日子里，×××先生和×××女士同奏和谐之歌，喜结百年之好。彩灯高照，宾客盈门。在这喜庆的时刻，我作为证婚人，别提有多高兴了。结婚成家是立业的基础，是"承前启后"的开始，新郎新娘未到而立之年就在商界崭露头角，实属年轻有为。二人成天作之合，恰比红花绿叶，交相辉映。趁此青春图骏业，振兴华夏献丹心。相信你们定能在市场经济大潮中劈波斩浪，大有作为。在此，祝福新郎新娘美满幸福。

老年人婚礼致辞

例：

今天是×××同志和×××同志重建家庭的结婚纪念日。

新朋老友同来庆贺。新娘新郎都已年过半百，在人生的旅途中历经坎坷和不幸，然而好人自有好报，有情人终成眷属，在即将进入暮年之际，他们结成夫妻，相信他们定会相敬如宾，互助互爱，互相照顾，使晚年生活丰富多彩。夕阳无限好，霜叶红于二月花。在此我代表所有新朋老友，祝他们生活之树常绿，生命之水长流，愿他们永远相伴，携手同行。

个体户婚礼致辞

例：

喜期办喜事皆大欢喜，新春结新婚焕然一新。正值新春佳节之际，×××先生和×××女士喜结良缘，绾同心结。新郎新娘都是有志青年，他们不靠天，不靠地，靠的是自己的智慧和勤劳的手，开创出了属于自己的新天地。在由个体到联合，由贫穷到富裕的转变过程中，他们的爱情也瓜熟蒂落，发育成熟了。愿他们共同开辟一块爱的土壤，让幻想的种子结出现实的甜果。我们衷心祝福他们勤劳致富，再创佳绩，并祝他们新婚快乐，万事如意。

打工人员婚礼致辞

例：

今天是×××先生和×××女士的大喜之日，春风送暖，鸟语花香，能为这对南方的姑娘、北方的小伙儿证婚，我感到非常高兴。有句古话："有缘千里来相会，无缘对面不相识。"如果说小伙儿是千辛万苦来创业，不如说是千里万里寻佳人。最肥沃的土地是青春，最茂盛的树林是爱情。爱，既非环境所能改变，亦非时间所能磨灭。如今，他们已是佳偶配成，事业有成，真可谓是天作之合，双喜临门。我相信，他们定会在今后的家庭建设、社会贡献方面，取得理想和满意的效果。在此，送喜联一副，以表庆贺之意：

上联：良辰吉日迎佳期山河共祝

下联：举酒高歌贺新婚鸾凤和鸣

横联：双燕齐飞

介绍人致辞

例一：

新郎、新娘、证婚人、主婚人、各位来宾：

今天我参加这个喜气浓郁、贺客盈厅的典礼，感到非常荣幸，因为我是×××先生和×××女士的介绍人，新娘这么漂亮，新郎又有才干，这正是互敬互爱好伴侣，同心同德美姻缘。最后我祝福这对贤伉俪："白头偕老，永沐爱河"。

例二：

×××和×××两位的认识，最初由我们介绍。今天，有情人终于成为佳眷，我们自然万分欣喜。正如证婚人×××先生说的，新夫妇在创造幸福家庭的同时，一定会为社会作出更大贡献。我们的任务已经完成，新夫妇的美好前途即将开始，谨借此表达我们的祝贺意愿。

男宾代表致辞

例：

今天鸟语花香，良辰美景，正值×××与×××两位新婚佳期，高朋满座，俪影并肩，凡属亲友，皆大欢喜。我谨代表男宾向新郎新娘表示热烈祝贺，并为新夫妇相亲相爱、全家愉快而干杯。

新郎答辞

例：

我由×××与×××两位女士的介绍和×××认识、了解并举行了婚礼，又蒙×××先生证婚，亲友光临，谨在此表示衷心的感谢。今后，我们一定要向证婚人所说的那样，努力报国爱家，相互尊重，不负大家的厚望。酒菜薄薄，招待不周，希望多多原谅，并祝大家身体健康！

女宾代表致辞

例：

我今天能参加×、×两家的婚礼，既荣幸又高兴。我对新娘×××非常了解和钦佩，她现在和×××先生结为佳侣，我深信今后她在个人事业和共同生活上，将成为模范家庭中的一个新的女能人，为此，我代表女宾致以热烈的祝贺。

女宾代新娘答辞

例：

今天承×××先生亲临证婚，两位介绍人盛意致辞，各位亲友光临参加，新娘要我代致答辞，并深表感谢，今后新夫妇一定不辜负大家的期望，各自努力尽责，再一次谢谢男女嘉宾们。

三、不同场合的馈赠礼俗

馈赠礼物的礼仪

中国人素来重交情,互相馈赠礼物是友情的一种表现。当然我们并不提倡请客送礼,尤其是那种为疏通单位或个人之间的不正常关系,而送钱赠物的做法,以及正常馈赠中摆阔气、讲排场、相互攀比的陋习,更应坚决反对。

送礼的要点:第一在于得体,所谓"得体",说得更坦白一点,就是要能适合受礼者的需要。譬如你的朋友(亲戚)是一位交友广阔,经济富裕的人,你预备送他一百元的礼金,不如省下五十元买一幅喜幛,或省下七十元买一幅礼轴写上颂词来得得体。相反的,如果受礼者是一位经济并不富裕,而且生活亦很节俭的人,就应该送礼金会比较好些。

送礼在于"得体",如何得体,在送礼之前,必先对受礼者的个性、教育程度、风俗习惯、经济状况等,加以了解分析,依据上述的原则选择送礼的方法,就不会失礼。

赠送喜联喜幛

结婚赠送喜联喜幛最为高雅，适宜交游广大，结婚场面铺张的受礼者。喜联喜幛，一般礼品店均可代制，只需告诉受礼者与送礼者之姓名及两者关系，并说明是喜庆就可以，但如能亲笔书写，当然更有意义。

贺函贺电

异地亲友结婚，虽不能亲赴道贺，但若利用贺函、贺电，甚为方便。贺函可随附礼金。

赠送花束花篮

花束花篮适宜于新式婚礼，显得较具时代气息，其缺点是毫无实用价值，必须对象适合才行。中国人一般是较讲实惠的。

赠送实用品

适宜于知己亲友。在购买以前，最好能知道受礼者之所需，先期告知，以免受礼者重复购置，这不能算是失礼之处。

赠送现金

赠送现金，送礼者取其方便，受礼者得其实惠。礼金不论多寡，习惯上须双数。从实惠角度上讲，至少不要使受礼者亏本，送礼吃喜酒，大家热闹一场。近年来不少地方这种风气甚为普遍，形成浪费，就不应提倡了。总之，既要彼此节约，又要顾到礼数，不要勉强摆阔才好。

附：

贺男家送礼单帖

| 谨 具 喜纬全轴 喜联成对 喜烛双辉 喜酒全坛 奉 敬 贺 申 名某某正肃 |

贺女家送礼单帖

| 谨 具 镜盒全事 花插全座 磁壶成对 银杯成双 奉 敬 贺 申 名某某正肃 |

送钱币单帖

| ×××
××× 天作之合

　　　贺仪贰佰元

　　　　　　　　×××鞠躬 |

四、不同宾客的请柬写法

请　柬

请柬，又叫请帖，是为邀请宾客而发出的书面通知。发请柬是为了表明邀请者的郑重态度，表示对客人的尊敬，所以请柬在款式和装帧设计上应美观、大方、精致，使被邀请者体味到主人的热情与诚意，感受到喜悦和亲切。现在通行的请柬形式有双柬帖与单柬帖两种：双柬帖即双帖，将一张折成两等分，对折后成长方形；单柬帖即单帖，用一张长方形纸做成。无论双帖、单帖，帖文的书写或排版款式均有横排、竖排两种。

请柬在写法上的要求主要是：

（1）双柬帖封面上应写明"请柬"或"请帖"二字，一般可做些艺术加工，如采用名家书法、字面烫金或加图案装饰等。有些单柬帖，"请柬"二字写在顶端第一行，字体较正文稍后。

（2）无论单帖、双帖，在帖文行文方面大致是一样的。帖文首行顶格书写被邀请者的姓名或被邀请单位的名称。有的请柬把被邀请者的姓名或单位名称放在末行，也要顶格书写。

（3）写明被邀请者参加活动的内容，如参加联欢会、赴宴，应交待具体时间、地点。若有其他活动，如观看影视表演，应在请柬上注明或附入场券。

（4）结尾要写"敬请光临""致以敬礼"等，古代称此为"具礼"。

（5）落款应写明邀请人的单位或姓名和发出请柬的时间。

婚　柬

婚柬是专门邀请亲友前来参加婚礼、婚宴的请柬。婚柬是目前在民间社交中应动用最广、覆盖面最大的一种请柬，大多由新人的家长发出。文字较讲究，文言色彩较浓，且须根据邀请与被邀请者的各种不同关系，采用不同的语词。

例一：娶媳宴请客人婚柬

```
×××先生：
    小儿×××与×××女士结婚，荷蒙厚贶，
谨订于×月×日下午×喜酌候教
                        ×××暨男×× 鞠躬
    席设××饭店
    ××恕不介催
```

例二：嫁女宴请名人婚柬

> ×××女士：
>   小女××八月十日于归，荷蒙厚仪，谨订于是日下午六时淡酌候教
>
>   ×××鞠躬
>
>   席设怡安酒家
>   恕不介催

以上两则是发给赠送贺礼的人，帖文中的"厚贶""厚仪"即指客人赠送的礼品。如果是请尊辈，则不宜写"恕不介催"。

婚柬较多采用竖排，根据邀请对象选用不同的格式和语句，现略举几例：

例三：为儿（子）完婚请柬　　例四：娶儿媳请客婚柬

> 兹定于×月×日上午十时，在本寓为小儿和××举行婚礼，届时敬请
> 光临。
>
> ×××同志恭请
>
>   ×××敬启

> 谨定×月×日长男×××与×××小姐结婚敬治喜酌恭候
> 光临
>
> 婚礼处在蓝天大酒店下午六时入席
>
>   ×××敬礼

例五：嫁女请贺客

依卜×月×日为小女××于归叩
蒙厚惠是日姘酌候驾
×××敬礼

例六：嫁女请客人全家

兹定×月×日 小女×× 与 ×××先生 结婚
是日午时刻喜酌敬请
阖第光临
婚筵设在蓬莱阁饭庄
×××敬礼

例七：招婿请客婚柬

谨卜十月三日为小女莎燕选婿门。
是日晚七时婚酌候驾
吴涛　鞠躬

35

年轻的结婚者本人发出的婚柬，多采用横排的款式，而且语言较平易，符合年轻人的特点，如：

例八：

> 刘先鸣先生：
> 　　我们定于十月一日下午二时在鹏达酒家举行结婚仪式，并力求喜筵招待。
> 　　恭候
> 光临
>
> 　　　　　　　　　　郑晓龙
> 　　　　　　　　　　　　　敬请
> 　　　　　　　　　　冯　冰
>
> 　　　　　　　　　　九月二十日
> 酒席设在鹏达酒家二楼

有的婚柬像一般信函，如：

例九：

> 文沛弟：
> 　　谨订于三月八日下午一时，小儿敏杰与菲菲小姐在飞天宾馆小会议厅举行婚礼，是晚五时假座怡红酒楼敬备喜酌。
> 　　恭候
> 光临
>
> 　　　　　　　　　维　志
> 　　　　　　　　　　　　敬请
> 　　　　　　　　　冬　花
>
> 　　　　　　　　　　三月一日

若仅邀请参加婚礼的请柬，则不必写"喜酌""喜筵"之类的词，如：

例十：

> 王冬伟先生：
> 　　谨订于五月一日上午八时在铁路俱乐部举行结婚典礼。
> 　　恭候
> 光临
> 　　　　　　　　　　　维　志
> 　　　　　　　　　　　　　　敬请
> 　　　　　　　　　　　冬　花
> 　　　　　　　　　　　四月二十日

现代社会还悄然兴起了一种"名片"喜帖，在男女婚嫁迎娶时，流行使用名片大小的袖珍请柬，一张精致的大红袖珍请柬，一面印上邀请宾客的大名，并配有象征心心相印、白头偕老、永结同心的图案；一面印着主人的名字、嫁娶男女的名字、结婚日期及结婚场所和时间等，喜帖的传统内容还透出一股清香。它既是邀请亲友参加婚礼的请帖，又可当作一份纪念品留给亲友。

这种袖珍式请柬，精巧实用，字体工整美观，同折叠式请柬相比，不但省去了书写的麻烦，送给亲友也显得庄重，容易保存留念。如果上面再印一点祝福的话，还能给亲友和青年夫妇留下一段美好的回忆。

贺婚题词

贺婚题词是对新婚夫妇表示祝贺、希望的简单短语，可写在贺婚礼物上，亦可另写在彩带、卡片、名片或纸张上，先写上受赠者的姓名，再写贺词。贺词可用散句，亦可用对句。既可自编，也可摘录前人或别人的诗句、格言。最后签上赠送者的姓名和日期。贺词的内容须言简意赅。

贺婚题词实例

例一：

```
×××先生：
×××女士：

        新 婚 志 喜

                    ××敬贺
                 ×年×月×日
```

例二：

```
×××先生：
×××女士：

        新 婚 志 喜
        白 头 偕 老

                ×××
                       同贺
                ×××
                 ×年×月×日
```

贺婚题词常用语

互敬互爱　珠联璧合　互相帮助
白头到老　永结同心　共结良缘
同心兴大业　天上月常圆　心心复心心
携手共奋斗　室中人互爱　结爱务在深
美满姻缘　共同进步　志同道合　月圆花好
并肩前进　心心相印　互助互爱　携手前进
两情若是长久时　　情投意合结伴侣
又岂在朝朝暮暮　　心随志融配鸳鸯
万两黄金容易得　　订百年学习伴侣
知心一个也难求　　结一双恩爱夫妻

结婚周年纪念日的雅称

第1年，称为纸婚，喻为最初结合薄如纸。

第2年，称为棉婚，像柳絮一样飘动。

第3年，称为皮革婚，意为这时的婚姻有韧性。

第4年，称为丝婚，有的地方叫绢婚、果婚，意为紧紧地缠住。

第5年，称为木婚，已经强化起来了。

第6年，称为铁婚，夫妻感情牢固如铁。

第7年，称为铜婚，比铁更坚韧，且不易生锈。

第8年，称为陶器婚，如陶器般坚硬美丽。

第9年，称为柳婚，像垂柳一样，风吹雨打不会折。

第10年，称为锡婚，锡器柔韧，不易跌破。

第11年，称为钢婚，不会生锈，比铁更坚。

第12年，链婚，像链条一样，紧扣连锁。

第13年，花边婚，不但坚韧，并且很美。

第14年，象牙婚，时间越久，越晶透美丽。

第15年，水晶婚，透明晶澈而光彩夺目。

第20年，瓷婚，光滑无瑕，但需不让它跌地。

第25年，银婚，已有恒久价值，是婚后第一个大庆典。

第30年，珍珠婚，像珍珠般的浑圆、美丽和珍贵，使人艳羡。

第35年，珊瑚婚，嫣红而宝贵，更有声色。

第40年，红宝石婚，名贵难得。

第45年，蓝宝石婚，比红宝石更名贵、更值钱。

第50年，金婚，这是夫妇的第二个庆典，通常都已儿孙满堂，一起庆祝，比银婚盛大多了。

第55年，翡翠婚，如翡翠玉石，是无价之宝。

第60年，钻石婚，这是人生中极其珍贵奇罕的庆典。

现代寿诞礼俗

寿诞礼是每当生日时举行的人生礼仪，人的一生要重复好多次，早在春秋战国时期，我国上层统治集团中就已经出现了"献酒上寿"原始形态的祝寿活动。从南北朝开始，真正意义上的祝寿礼俗开始在民间流行。随着时代的发展，现代寿诞礼俗有了翻天覆地的变化，时尚、健康的礼俗代替了封建、庸俗的礼俗，新的寿诞礼俗使人的精神面貌焕然一新。

五、寿诞的基本礼仪

我国人生礼俗以诞生礼和丧葬礼为两级，以成年礼、婚礼为中介，分成两个大的段落。在这两个段落之间，人生礼仪比较稀少，只有不同年岁的寿诞礼仪，并且显得不那么重要。上了年纪的老人十分重视寿诞礼仪，即使寿星们不在意，子孙也要在这种可以做面子的礼仪上做文章。

寿诞的基础

寿诞礼仪的基础，是源于较独特的文化信仰传统。我国古代有所谓"五福"，讲的是五种人生理想。民间的说法是福、

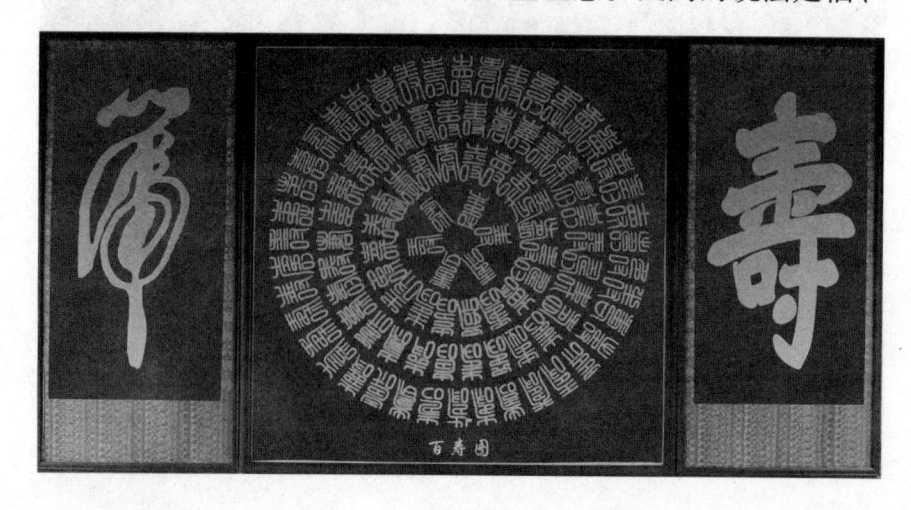

禄、寿、喜、财。古籍的说法略有不同，寿排在五福之首。《尚书·洪范》说："五福，一曰寿，二曰福，三曰康宁，四曰攸好德，五曰考终命。"不仅寿居首位，而且其他几福也多与此有关，比如康宁、考终命。古人解释，考终命为"皆生姣好以至老也"，与此有一定的关系。可见，人的一生，寿是至关重要的。

正是基于上述观念，古人今人都十分重视寿龄。在古代文献资料中，这方面的记载不计其数。人们不仅在现实生活领域千方百计地寻求、实践长寿之道，也苦心孤诣地在信仰、礼仪生活里创造、应用长寿之术。首先，人们创造了祝福、庆贺长寿的礼仪——寿礼。其次，人们根据社会价值观等赋予一些行为以特定的意义，比如拣佛头儿上寿，对人弄刀折寿……从而趋利就福、远祸避患。再次，人们还创造了寿星这样一位吉祥人物，时常加以寿礼；把寿字用许多形体写出来，组成"百寿图"；择定许多长寿的象征物，入诗入画，借以寄托长寿愿望。所有这些都构成了我国传统寿诞礼俗的丰富画卷，而其中寿礼最为突出。

寿诞的仪式

寿诞礼仪是每当生日时举行的人生礼仪，终生要重复好多次。虽然礼仪的中心意义都在于祝福、庆贺健康长寿，但因年龄的不同而有所差别。小时候的一般不叫寿礼，而俗称"过生日"。人们认为，小孩子、青年人做寿是不妥的，要折寿。只有到了一定的年龄，才能举行寿礼。不过，如果父母在世，即使年过半百也是不能"做寿"的,因为"尊亲在不敢言老"。

　　过生日对儿童、少年以及青年人来说,是值得高兴和庆贺的事情,父母家人一般都要以某种仪式予以庆贺、祝福。这种礼仪虽不像其他人生大礼那样隆重,却也明晰地记录着青少年成长的脚步。当此之时,人们回顾过去,展望未来,往往能增添一些生活的信心和智慧。在传统社会,小孩子过生日往往要举办家宴庆贺。山东俗称小孩生日为"长尾巴",中午的家宴要吃面条,称喝"长命汤"。生日忌喝"米汤""黏粥",俗话说喝了要"一年糊涂"。此外,孩子过生日这天不受打骂,否则不长。世家大族小孩过生日也有接受贺礼的。

　　寿礼也叫"过生日",此外还有"做寿""祝寿""庆寿""贺寿"等名称。特定年龄又有特定称呼,如"庆八十""贺六十""古稀之寿"等等。男女寿诞也有不同的称呼,比如男称椿寿、女称萱寿,因为我国古代以椿萱代父母,"椿萱并寿,兰桂齐芳"里的椿萱指的就是这层意思。

　　寿礼一般在40岁以上才开始举行,甚至更晚,各地、各代风俗不同,没有统一的年龄。山东泰安地区从66岁开始庆寿,湘西土家族是50岁开始祝寿。有的地方则不论年龄,只要添了孙子、留了胡子就可庆寿了。但一致的规律是:越做越大,越做越隆重,整数之寿(俗称"整寿")较零数隆重。古语云:"人生七十古来稀,"因而这个年龄以后的寿礼很是隆重,"八十大寿"往往是寿礼之极。逢十、逢五之外,其他零数一般不大办寿礼,要办,规模也比较小。

传统寿礼有一套仪规。先要设寿堂，摆寿烛，挂寿幛，铺排陈设，张灯结彩，布置一新。到了生日那天，寿堂正中设寿星老人之位，司仪主持仪式，亲友、晚辈都要来上寿。辈分不同，礼数有别。平辈往往只是一揖，子侄辈则为四拜。有的并不设寿翁，客人只是到寿堂礼拜，而由儿孙辈齐集堂前还礼。当然平常人家也有不设寿堂，只设寿案的。旧时北京这情形时，多是到香蜡铺请一份木刻水印的"本命延年寿星君"的神马儿，夹在神夹子上，头前摆上寿桃、寿面，点上一对红蜡，压一份敬神钱粮而已。

寿筵是寿礼的重要一环，主家往往大开宴席，款待来客。宴席的馔肴不外乎鸡鸭鱼肉、山珍海味，但少不了的是面，俗称"长寿面"。贺寿的来客都要携带寿礼，诸如寿桃、寿糕、寿面、寿烛、寿屏、寿幛、寿联、寿画、寿彩、万年伞等。这些礼品中但凡能缀饰、点画图案的，一般都要加上一些象征长寿的图案等。此外，各地又有独具特色和意蕴的礼品。山东掖县出嫁的女儿回娘家为父亲祝寿，一定要做祝寿饽饽一摞（五个），然后再加一个，一摞祝寿，另外一个供寿星（神）。蚕乡浙江海宁则要给老人做绸衣、绸裤、绸面鞋子，用抽不尽的蚕丝祝福老人长寿绵绵。

民间信仰是建立寿诞礼仪的基础，因此在某些方面有其独特之处。比如壮族寿礼，举行寿礼时晚辈要用猪肉、鸡来祭祖先，有的地方还要请师公念经。行礼之后，大家还要簇拥着老人唱"祝寿歌"。土家族的寿礼，其仪俗和寿星的年龄大小有关系。60花甲的寿礼一般就比较隆重了，亲友都要送礼品来祝寿。其礼品除一般的食物以外，还要有面和鱼，面称"寿面"，鱼则象征"百岁有余"，此外还送寿幛、寿匾、彩对、福禄寿喜星图或瓷像。若是百岁大寿，则不论平时交往疏密，人们都慕名前来祝寿，因为"山中虽有千年树，世上难逢百岁人"。大家还要为寿星立碑刻传，宗族还要将此事书于族谱，主家亦要向来宾馈赠礼品等。

人寿俗信

寿诞礼仪的许多仪式是建立在民间信仰基础上的，了解这些俗信，对于理解寿诞仪式有着不可忽视的作用。关于人的寿命的俗信很多，诸如：一些地区小孩十岁的生日由外婆家给做，称"爱子寿"；青年20岁的生日由岳父家做。"做九不做十"，即逢整十时在虚岁数九的那年做寿。有的地方"男不做十，女不做九"，十、九和当地方言贼、鸠谐音，故不做。40不做，因四与死谐音。

做冥寿，也叫作阴寿，指祖先亡故以后，每逢整十，子孙就设神像或神位于堂中，对之行礼，设坛延僧，诵经礼忏，以此表示后人的孝念。冥寿亲戚朋友有送纸扎锭者，也有登堂拜祝的。

人们相信行善积德延年益寿。扶贫济弱、修桥补路都是善举，可以积德。不过，这做起来并不容易，所以就产生了可以积寿、增寿的象征性行为，诸如诵经礼忏、烧香祷告，庙观施舍，放生，抄写经卷等。壮族则有"添寿"之举——旧时不少地方年过五六十的人都有寿米缸，平时总要在缸中放上几斤米，不能断，表示延年益寿。每年到新节，儿女们要选上好的白米，倒入缸中"添寿"，亦称"养缸"。缸里面的米平时不能动，只有做寿时才能舀一些出来煮干饭，敬给老人，表示儿女祝愿老人健康长寿。

民间信仰认为，寿命在天，寿数有定，该活多大年纪就能活多大年纪。因此，寿数就像个人财产一样可以出借、转让。"借寿"仪俗就建立在这种信念的基础上，凡家人有病，医治无效，深知没有活命可能的时候，人们便认为此人寿到，只能借寿给他，以求延寿。出借寿数的多是病人的子女或亲戚挚友，并且必须自觉自愿，否则不会灵验。借寿时，出借寿数者要斋戒沐浴，虔诚拜祷，祈求老天爷允许借寿。如果病人出乎意料地转危为安，人们就认为老天已经准许借寿，因此要焚香许愿，答谢苍天。假如病人一命归天，出借寿数的人也要烧香祷告，取消前言，以免冥府阴司的阎罗判官阴差阳错，把出借的寿数误判给了别人。

借寿之外还有补寿之说，毛南族的"添粮补寿"即是如此。毛南人认为吃"百家米"可以补助健康、延年益寿。其仪式有讨粮补寿，即由老人亲自到粮行去讨粮，一般粮行都允许老人抓一把米，老人也留几分零钱。讨几十个粮摊，可得三四公斤米，然后专供老人食用。如果吃后不起多大作用，便要办酒席请亲友来"添粮补寿"，并举办"添粮补寿"仪式。添粮补寿仪式是由子女来操办。选定吉日后备办酒席，亲友各带三五公斤米来，还用红纸剪一个大寿字贴在方形蓝布或黑布上，称"寿屏"，以为贺礼祝寿。主家把亲友带来的米倒在箩筐里拌匀，然后师公来到神台前，手拿符告，节奏均匀地拍打，口唱"六马歌"和"十二月添粮添禄"等歌，并把箩筐里的米按仪俗舀起，供老人"补寿"食用。之后，把寿屏挂在香头堂下面，宾客一起入席就餐。席间，来宾多讲一些吉利话，祝老人长寿健康，师公还要唱"祝寿歌"。"添粮补寿"一般在九月九日重阳节，一世只办一次，在满60周岁的那年；但也有高寿的人一世搞几次的，即隔三五年便搞一次。毛南族的"添粮补寿"和借寿不同的是，后者以为寿数命定，前者以为事在人为，但它们共同的是，人们长命百岁的愿望是可以通过某种手段满足的。

六、寿诞的主要程序

报 喜

婴儿降生，是家庭人丁兴旺的表现，是一件大喜事。因此，婴儿生下来之后，第一项礼仪便是报喜。做父亲的要提着一篮煮熟的、染成红色的鸡蛋到岳父家报喜。

取 名

婴儿生出后三天，家长要举行传统的庆祝仪式，并设宴招待前来道贺的亲友。在这个庆典举行之前，要求给孩子取个好名字。这在旧时是一件大事，因为这个名字可能会跟孩子一辈子，甚至更长，必须慎重。取名还必须考虑到孩子的生肖、五行等，讲究繁多。现代父母大多不管这些，但也应当注意以下几点：

一要字音响；二要完整，含义深；三要有特色，避免重名。值得注意的是，中国人常用一些非常生僻的汉字来给孩子取名，这固然能避免重名，并且还能够显示取名者学问高深，但这并不明智，名字是让别人叫的，过于生僻的字，别人不会读，不会写，必然会给他人，也给孩子带来麻烦。并且，现在户籍的管理大多借助计算机，太生僻的字（包括一些人名中所用的已经淘汰不用的古汉字），根本就没法录入进计算机，而当今社会，人员流动频繁，孩子要读书、考学、甚至出国，有着一个别人认不得，计算机录不进的名字，必然会增加很多麻烦，因此应该引起年轻家长们的重视。

此外，家长在给孩子取名时，最好不要选择多音字，以免引起误会。

贺三朝致辞

贺三朝始于先秦时期,为婴儿第三次洗身,也是第一次正式洗礼。婴儿出生后第三天,母亲虽然还在休息,但父亲却从紧张中摆脱出来,为爱情的结晶诞生人世进行祝福。祝福一般只有亲戚和少数挚友参加,人较少,程序也比较简单,大致分父亲致辞和亲友贺辞几种。

父亲致辞

例一:

我喜得一子,众亲朋好友应邀前来祝贺,真是不胜感激,略备薄酒,不成敬意,也算表达我们夫妇二人的心意,请大家干了这杯!

例二:

在我而立之年,我的小女呱呱落地,这也许是上苍给我的最好礼物,听着她的啼哭,我的心陶醉了,承蒙亲朋好友赏光,前来寒舍祝贺,在此,我代小女先敬大家一杯!

亲友贺辞

例一:

欣闻×××喜得贵子,今特来登门祝贺。十月怀胎,一朝分娩,爱情结晶,来之不易,希望贵夫妇共同珍重爱情结晶,携手育儿成才。同时祝孩子身体健康,茁壮成长。

例二：

  得知你们夫妇喜得一女，我们全家真为你们高兴，虽然你们已结婚五年，但双方只顾忙自己的工作和事业，生孩子的事一推再推，直到而立之年才喜得千金，实属不易，倍加珍贵。孩子定会继承你们的遗传因子，聪慧、漂亮，长大成为人之骄子。望你们夫妇二人共同哺育好这个小花朵，使她茁壮成长。

贺满月致辞

  满月礼，亦称"满月酒"，指婴儿出生一个月时，主家请客人或是客人自己携贺礼来庆贺。这天，必须要给婴儿理发。剃下的头发搓成团，用红绿花线穿起来，挂于堂屋高处，认为这样可以使婴儿将来有胆有识。也有的人家将胎发请专门的店家制成毛笔，永久保存。一般剃发时都将胎发、眉毛剃尽，以

便使再生的头发、眉毛浓密。

亲属致辞

例一：

今天小外孙过满月，我这当姥姥的给孩子送几件四季衣服。衣服的尺寸是一件比一件大，我盼着小外孙见风直长，欢欢腾腾，壮壮实实的。另外对刚当妈的萍儿我也嘱咐几句，虽然刚出月子，但身体还是要多加注意，不要过分劳累，孩子要喂养好，但不能过分溺爱，要有一套合理的育儿方法。有不明白的地方，要多问一些同龄妈妈，多看一些这方面的书，逐步就会学会怎样喂养小毛头了。

例二：

孩子今天过满月，天分外蓝，太阳分外红，我这个姑婆的心也分外的高兴，欢欢喜喜提着篮子走了十来里，也不觉得累，急着想看看刚满月的小孙孙。看到白白胖胖的小孙孙这么喜人，我还真要感谢侄媳妇。现在侄媳妇奶水充足，孩子比刚出生时长了三斤，但大人也要注意加强营养，这样才会母壮儿肥。

贺百日致辞

孩子百日在北方多称"百岁"，意思是孩子多寿多福，能活一百岁，实际就是婴儿诞生一百天后为其举行的庆贺祝福的礼仪。

过"百岁"时主人也要设宴款待前来庆贺的亲友，在亲友们送的贺礼中，最具特色的是百家衣和长命锁。

百家衣具有超越一般衣服的意义，是集各种颜色的碎布连缀而成的，虽不一定来自百家，但敛布的家数越多越好，穿百家衣是为了长寿，有的孩子穿到周岁才脱掉。

百家锁也叫"长命锁（索）"等。最常见的是用红线将铜钱穿起来，挂在小孩脖子上，或是用金银打制锁形的薄片，系金银锁链挂在小孩脖子上。百家锁一般都有文字图案，文字多为"长命富贵"、"长命百岁"等吉祥祝语，图案则是象征福寿绵延不断的景物。

孩子过百岁这天，有些地方按当地习俗，姑姑送一双鞋，叫"安嘴鞋"，意思是孩子今后无论走到哪家，都能碰到好吃的，有口福。姥姥家送一个"面圈"，即用发面蒸的圆圈，直径大约一尺左右，面圈上用竹签插着九个用面捏的石榴和一个面手。

仪式开始时，姥姥和奶奶同时端起"面圈"，婴儿父母亲由下而上把婴儿从"面圈"中间套出。这时姥姥嘴里开始念念有词地说些祝愿、祝福的话，通常有下列几种：

例一：

九石榴，一福手，守住爹娘不再走。欢鱼吉兔，莲花挽住。

例二：

一福手，九石榴，成才当个博士后，红线穿钱，福寿绵延。

例三：

精白面，红点点，捏个参娃圪尖尖，不愁吃，不愁穿，钱财多得花不完。

亲友们在旁也纷纷说些让孩子成长、成才之类的话。

贺周岁致辞

贺周岁，又称："抓周"。是对满一周岁的婴儿所举行的礼仪。

抓周也叫"拈周"，是一种预测幼儿前途和职业的礼仪。

所谓抓周，是指在小儿周岁这天，将各种小玩物和生活用品摆在小孩面前，任其抓取，试其兴趣、志向和前途。如硬币象征财富，长大了能当富豪；钥匙象征权力，长大了能当官员；钢笔象征知识，长大了能当学者；鲜花象征掌声和赞誉，长大了能当明星；玩具手枪象征军旅，长大了能当军官等等不一而足。

亲友们根据孩子抓到的东西，说些祝愿和赞誉的话，以下仅举几例：

例一：

小磊真不愧是个男子汉，这么多的东西他都不感兴趣，唯独爬着去探离得老远的小手枪，这孩子将来肯定能成为一名将军。从小就不同凡响，是个与众不同的孩子。

例二：

慧慧别看是个女孩子，鲜花、脂粉她不抓，偏抓起那支钢笔不撒手。这孩子将来肯定能成为一名科学家。如今党中央提出了"科技兴国"大政方针,咱们慧慧算是赶上了,上大学,出国留学自不用说,说不定还能获个诺贝尔奖呢。当然,孩子有天赋是个有利条件,但大人也要花心思去培养她,这样才能使希望变成现实。

贺十二岁生日致辞

孩子贺周岁以后,在十二岁以前就是过一般意义的生日了。当孩子满十二周岁时,大人们便给孩子"开锁",开锁来源于十二生肖,认为已转了第一轮十二生肖,因此十分重视。所谓"开锁"是对应"百日礼"而言。过百岁时给孩子挂上"长命锁",到十二岁时则要把锁取下来。现在虽然不再给孩子挂锁,但在近些年,给孩子"过十二岁生日"越来越盛,规模越来越大,档次也越来越高。而且也有司仪(主持人、代东),热闹仅次于婚礼。下面是一个孩子"过十二岁生日"的盛况:

司仪致辞

各位亲朋好友:你们好!

今天是林林十二岁生日,首先我代表林林的父母对各位亲朋好友的到来表示热烈的欢迎和深深的谢意。孩子是父母的希望,是祖国的未来,望子成龙是我们每个家长的共同愿望。从孩子呱呱落地,到长大成人,其中凝结着父母多少心血和企盼。

今天我们的林林已走过了人生的十二年,长成了一位翩翩少年，不但身体好，而且学习好，劳动好，尊敬老师，团结同学，孝敬长辈，是个人见人夸的好孩子。今天亲朋好友们欢聚在一起，为林林过十二岁生日，举行"开锁礼"。下面我就致"开锁祝福"和"开锁颂辞"。

开锁祝福：

　　一开天性醒悟人生

　　二开身心茁壮成长

　　三开脑筋触类旁通

　　四开百窍英姿绝伦

　　五开心灵聪慧神通

　　六开手巧巧夺天工

　　七开文采笔舞雄文

　　八开理性敏感机灵

　　九开孝道父母至尊

　　十开品行善良真诚

　　十一开杰气鲲鹏展翅

　　十二开全通前途辉煌

开锁颂辞：

　　人生初至灵气满身

　　智力启发志在乾坤

　　勤奋学习成绩超群

　　琴棋书画样样精通

　　谈古论今堪算博深

尊师敬友礼貌待人

携老爱幼常讲文明

求知心切建国为民

能文能武剑气雄文

孝敬父母永载心灵

学识广泛博大精深

开创通途耀祖光宗

还有对联一副：

上联：点红烛照耀远大前程

下联：开金锁启迪灵性慧根

横联：鲲鹏展翅

成人生日致辞

近年来，成年人过生日往往与生活和工作中较重大的事件结合起来庆贺，形式比较简单，但不乏热闹和喜庆，特别是通过来宾的致辞更把人世间的那种亲情、友情调拌得浓浓的。

成人生日致辞一般分为来宾致辞和主人谢辞两种。

为大学毕业生庆贺生日

同学致辞

例一：

今天是江涛同学二十三岁生日，首先我祝他生日快乐，万事如意。

二十三岁，正是学业有成，踌躇满志，开始施展抱负、展现才华的时候，是个金子般的年龄。

江涛同学是一个刚刚走出校门，即将走上工作岗位的有为青年。就在不久前，他已收到省计算机信息研究所发来的"录用聘书"，我真为他的成功感到骄傲。工作是美好的，希望江涛同学在未来的工作中找到人生的价值、人生的欢乐和人生的幸福。相信，江涛同学一定能够在新的工作岗位上，像在校期间一样，刻苦钻研，不断努力，大显身手，取得佳绩。

来，为江涛同学的生日和他崭新的未来干杯。

例二：

四年，在人生的旅程中不过是很短的一段，然而和你同窗四载，却令我一生难以忘怀，你是我的益友，然而也是我的良师，从你的身上我看到了中华民族质朴、宽厚、勤奋、刻苦的美德，你是我人生的一面镜子，心灵天幕上的一颗明星，记忆里的一颗珍珠。在这幸福的时刻，请接受我的祝福：愿世上最美好的一切，永远陪伴在你身旁，祝你生日快乐，并祝你在新的工作岗位上创出成绩!

例三:

在你二十三岁生日之际,你即将走向新的工作岗位。人生的意义远不在于追寻昨天,而在务实今日,憧憬明天。所以我希望,每一天都是你的生日。眼前,有祝福与温馨,未来有圣洁的信念与期待。

例四:

沉香,在焚烧时格外扑鼻。预祝你的才学在未来你从事的工作中放射出异彩。愿你的青春年华熠熠生辉。

主人谢辞

首先,我对大家能来参加我的生日晚会表示热烈的欢迎和衷心的感谢。

正如刚才祝辞中所说,二十三岁是个金子般的年龄,然而也是一个充满企盼和惶惑的年龄。这些日子,我常告诫自己,决不能愧对美好年华,要使生命在走向社会和未来中体现真正价值。令我欣喜的是,省计算机信息研究所录用了我,使我的专长有了用武之地。我感到非常幸运,我万分感谢研究所领导能给我这次机会。同时,我也充满信心,一定要用学到的知识报效国家,无愧这美好的年华,无愧诸位亲友对我的帮助和厚望。

下面,请允许我以生日主人的身份,为我们共同拥有美好的明天干杯!

一般成人生日致辞

一般成人过生日较简朴，通常不邀请家庭以外人员参加，只是家人团聚一下而已。子女相约而来，或买生日蛋糕，或买些其他礼品，家中除了有比日常生活丰富的酒菜外，主食一般要吃面条，取"长寿"之意。有时也请些关系比较亲密的亲友参加。因此，在这种情况下，致辞就比较简单了，大致有以下几种：

儿女为父母致辞

例一：

今天是妈妈四十岁生日，在我们心目中，妈妈就是爱的化身。记得一本书中这样描写母亲的伟大：母亲的伟大，不仅仅在于凝结了孩子的血肉，更在于塑造了孩子的灵魂——母亲的一生，是一次爱的航行。在妈妈生日之际，我献上我最美好的祝愿，祝妈妈生日快乐，永远年轻。

例二：

在我的记忆里，妈妈总是不知疲倦地干这干那，即使稍有闲暇坐下来看会儿电视，手里还结着毛线。妈妈，难道您真的不觉得累吗？现在我才明白，妈妈也是血肉之躯，她也需要休息和娱乐，但她却把这一切都献给了她热爱的教育事业，献给了自己的儿女。人们都说：父母的爱是崇高的爱——只是给予，不求索取。不溯既往，不讨恩情。我深深地感受到了这种爱，我愿自己永远是妈妈的小棉袄。请妈妈喝下女儿这杯酒，祝妈妈生日快乐，万事如意。

同事致辞

今天是丁大哥五十岁生日，不知不觉我们都是年到半百的人了。在三十年的工作中，我与丁大哥结下了兄弟般的情谊。在这里我敬大哥一杯酒，祝大哥青春不老，快乐永随。

机关团体为成员过生日致辞

良好的人际关系越来越被人们所重视，特别是某个群体的领导层，更将其视为一种生产力或工作的动力。因此，为员工过生日的习俗成为高明的领导和上司一种增强集体凝聚力的途径。实践证明，这种办法确实有效。

部队为战士过生日致辞

例一：

战友们，今天是我连战士武宁斌、曹放两位同志的生日，连里决定，利用今天的晚饭时间，全体官兵为他们祝贺生日。现在，我代表连党支部，以全连官兵的名义，祝武宁斌、曹放两位同志生日快乐。

武宁斌、曹放二位同志虽然不是同年入伍，但都是我连的技术骨干，在去年10月份全国比武大赛上，为我连夺得团体第二名立下了汗马功劳。我们衷心地希望他们在今后的工作中再接再厉，再创佳绩，真正成为思想过硬，军事过硬，作风过硬的好兵。

例二：

今天是武宁斌、曹放二位同志的生日，为了表示对他们的祝贺，我朗诵一段小诗："今天，我们在军营相逢、相聚，而明天，或许我们却又分离。啊，战友，愿我们的友谊冲破时空，随岁月不断增长，让友谊与温馨为你们带来生日的愉快与欢乐。"

公司经理为员工过生日致辞

例：

今天是宁小强、樊冬生两位先生的生日之喜，我代表公司经理部向他们表示衷心的祝贺，祝他们生日快乐，万事如意。

为了给宁小强、樊冬生两位先生庆贺生日，公司特意组织了这次聚餐会，并特制了生日蛋糕。在聚餐会开始之前，我先公布一个好消息。根据宁小强和樊冬生两位先生在本公司的表现，公司决定对他们两位先生分别一次性颁发奖金三千元和两千元。现在请二位先生前来领取红包。

本公司创建伊始，就规定若干奖惩制度，而且在实践中条条兑现。成功的机会是经常会有的，重要的是看你能否把握，看你是否有奉献精神。希望公司全体员工向宁小强、樊冬生两位先生学习，在各自的岗位上，为公司的发展贡献自己的力量，使我们的公司越办越好。

老年祝寿礼俗

我国民间习惯以百岁为上寿，80岁为中寿，60岁为下寿。从60岁开始，各地风俗每逢五、逢十，或者逢九就为当事者举行祝寿活动。

庆祝寿辰，一般不能自己给自己庆祝，而应由子女或亲戚朋友出面举行。

子女或亲朋在决定给"寿星"庆祝寿辰之后，如果较讲究的，应预先发请帖给其他的亲朋好友。请帖要大方、庄重，措词要精练达意。内容主要说明：为谁祝寿、寿期何日、地点何处即可。较一般的，则只需作口头邀请。亲友接到请柬后，一般都应准备一些寿礼。寿礼的范围很广，但最常见的有寿糕、寿桃（如季节不当令，也有用米粉做成桃子样的）、寿面、寿联、寿幛等。但并非全部，只准备其中一两样即可。

主办庆寿活动的人家，应预先设立"寿堂"。寿堂正中用纸或绸剪贴一个大红"寿"字；有的则挂一幅书法家书写的"百寿"中堂。两旁张挂寿联。按照旧俗，寿辰庆祝活动从寿辰的前夕就已开始。亲友寿礼都先行送到；当天晚上先由女儿女婿设宴为"寿星"庆寿，并款待宾客，在我国民间这叫作"暖寿"。第二天才是寿辰正日，宾客云集，向"寿星"道贺，并由宾客推举代表致祝寿词。寿宴席终，当宾客们辞谢时，主人也要适当回赠一些纪念物品。

当然这种旧式的祝寿活动。它时间长、仪式繁，破费钱财又耗费精力。而且封建礼教气氛浓重，目前已完全无此必要照搬。通常只需在寿辰的当天亲友聚会，送上若干寿礼表示致贺，主人家也只需招待一餐宴席，主客都感到尽兴就可以了。

花甲寿

就是指60岁时做的寿，中国古代以天干（甲乙丙丁戊己庚辛壬癸）地支（子丑寅卯辰巳午未申酉戌亥）的排列组合来计算日期和年份，从甲子、乙丑……排列下去，满60为一周，古人称为六十甲子，后来，人们就以"甲子"或"花甲"代称60岁。因为人们认为，活满了一个甲子，就相当于过完了天地宇宙，人生的一个完整周期，所以，汉族民间特别重视庆贺花甲寿诞，礼仪比普通的寿礼更为隆重。

东北地区的朝鲜族把60岁生日寿仪叫作"还甲宴"，意思是活了60年以后，就等于重新回到了自己出生的时候，从此开始了自己的第二次生命周期。所以举行特别隆重的还甲宴寿礼。寿礼的仪式和汉族的寿礼相仿，只是在寿宴结束以后，主人和客人要在一起载歌载舞，共庆老人健康长寿。

六六寿

是长江下游各省流行的一种专为年满66岁的老人做寿的寿诞习俗。当父亲或母亲年满66岁时，出嫁的女儿要为自己的父亲或母亲做寿。在这一天，女儿将猪腿肉切成66小块，形如豆瓣，俗称"豆瓣肉"，红烧以后，盖在一碗大米饭上，连同一双筷子一齐放在篮子内，上面用一块红布盖上，由女儿女婿送给父亲（岳父）或母亲（岳母）品尝。肉块多，寓意老人多福多寿；父母在鞭炮声中高高兴兴地美餐一顿。江南地区有"六十六，女儿家中吃碗肉"的谚语，就是指的这一习俗。

古稀寿

特指人70岁时的寿诞，因为杜甫《曲江》诗里有"酒债寻常行处有，人生七十古来稀"的诗句，所以人们把70岁叫作古稀之年，把70岁生日做的寿诞叫作古稀寿。

过大寿

从60岁生日开始，凡逢整十如60、70、80岁生日时举行的寿礼，都叫作"过大寿"，同时也特指老年人80岁生日时举行的寿礼庆典，所以又叫作"庆八十"，是流行在全国大多数地区的一种寿诞风俗。人活到80岁，便被人们誉为老寿星，80岁做生日是大庆，届时子女亲友都来贺寿，送来寿幛、寿烛、寿桃、寿面、寿联等，同时设寿堂，张灯结彩，接受晚辈和亲友的叩拜、祝贺。礼毕，共享寿宴。

过九

在许多地方，流行一种"做九不做十"的俗信，因为民间认为:"十"意味着"满","满"则"溢","满"又意味着完结,所以许多地方不在整十周岁时做寿。而是提前到头一年时、即虚岁满60岁时做寿。但是,我国许多地方又流行所谓逢九之年是厄年的说法,所以不少地方在老人生日逢九之年,一般都提前做寿,并做大庆,叫作"过九"。例如在江苏地区就是这样,届时在正堂挂寿幛,点寿烛,设置拜垫,寿翁接受小辈叩拜祝福。中午吃寿面,晚上亲友聚宴。宴席散后,主人向亲友赠桃,同时加赠饭碗一对,俗称"寿碗",民间以为这样受赠者可以沾老寿星的光,有延年益寿之福。

不但59岁、69岁、79岁等所谓"明九"之年需要忌,有的地方还要忌所谓"暗九",即为九的倍数的年份,如63、72、81等。在"明九"和"暗九"之年做寿时,不但需要提前一点做寿,而且还需要有其他的化解办法。民间常用的方法是穿红衣服,小孩可穿在外面,大人则穿在里面,还要系上红腰带。《红楼梦》第八十七回里写到了这种风俗。鸳鸯说:"老太太明年八十一岁,是个暗九,许下一场九昼夜的功德,发心要写三千六百五十零一部《金刚经》。"

七、寿宴的基本礼仪

各种寿宴礼仪

中国不仅是一个农业大国,还是一个人口大国。人多嘴多,因此需注意一个吃的问题,民以食为天。随着文化的发展,饮食文化也就十分发达。寿宴文化就是长寿文化和饮食文化结合的产物。寿宴不仅是寿礼的一个重要组成部分,寿宴中的各种菜肴也都无不洋溢着浓郁的祈寿色彩。

寿酒

祝寿时使用最普遍的食物是酒,《诗经》里凡是涉及祝寿的地方,几乎全都离不开酒。因为"酒"谐音"久","祝酒"也就是"祝久",所以在后来的礼俗中,甚至干脆用"奉觞""称觞"来作为祝寿的代称。"觞"是一种古代酒器的名称,"称觞"就是祝酒。颜题古注(汉书·高帝纪)说:"凡言为寿,谓进爵(按即酒杯)于尊者,而献无量之寿。"

各地所用的寿酒因地而异,古代比较常见的是椒酒或椒柏酒、茱萸酒;宋人黄庭坚有"欲将何物献寿酒,天上千秋桂一

枝"的诗句,可见也有用桂花酒的,因为人们以为月桂树是不死的仙树,用桂花酒祝寿有祝福人长生不老的美意。如今中原地区祝寿多用竹叶青、古井贡酒、状元红等酒,东北地区以人参酒为寿酒之上品。寿宴中所有的酒不分品种,都叫寿酒,饮时先敬寿星,然后宾客同饮。

寿面

无论南北各地,不分贫富贵贱,也不管是男女还是老少,只要是过生日或做寿,总是得吃一顿面条,这叫作吃"长寿面";送寿礼的人也常常送面条。据说此借来源于汉代东方朔的一句话:古代的彭祖为什么能活到八百岁?就是因为他的脸面长的缘故。我国食品中,只有面条为绵长;生日吃面,表示祈求延年益寿之意。寿面要求每根长达1米,每束百根以上,盘成塔形,上罩红绿纸剪纸花,备双份敬献寿星。祝寿时要把寿面放在寿案上；寿宴中必须以寿面为主。

寿诞吉祥物

寿桃

祝寿时，人们喜欢给寿星送用面粉蒸制的寿桃。人们相信，寿桃会使老人长寿、年轻。在祝寿时，常悬挂有寿桃的吉祥图。

据传说，蟠桃是西王母娘娘种的仙果，枝蔓伸展三千里，三千年一开花，三千年一结果。故而以蟠桃象征长寿，这个意义也就引申及一般的桃子和桃花。蟠桃配灵芝，称"仙寿"。蟠桃配蝙蝠，称"福寿"。

另一说是孙膑十八岁离开家乡齐国，到千里之外的云蒙山拜鬼谷子为师学习兵法，一去就是十二年。有一年的五月初五，孙膑猛然想起今天是老母八十岁生日，于是向师傅请假回家看母亲，鬼谷子摘下一个桃送给孙膑说："这桃我是不轻易送人的，你在外学艺未能报孝母恩，我送给你一个回去给令堂上寿。"孙膑谢别师傅就急急上路了。

孙膑的家里，这天大摆酒宴为老母亲庆寿。孙膑回来了，他从怀里捧出师傅送的桃送给母亲说："今日告假回来，师傅送我一个桃孝敬母亲。"老母亲接过桃吃了一口说："这桃比冰糖蜂蜜还甜。"桃还没吃完，母亲的容颜就变了。以前雪白的头发变成了如墨的青丝，昏老的双眼变得明亮了，掉了的牙又长了出来，脸上的皱纹也不见了，走路也不用拐杖了。全家人都非常高兴。

人们听说孙膑的母亲吃了桃变年轻了，也想让自己的父母长寿健康，便都仿效孙膑，在父母生日的时候送鲜桃祝寿。但是鲜桃的季节性强，于是人们在没有鲜桃的季节用面粉做成寿桃给父母拜寿。由此可见，寿桃实际上是老年人的一种吉祥物。

关于寿桃，另一种说法是见于《太平御览》托名东方朔写的《神异经》："东北有树焉，高五十丈，其叶长八尺，果四五尺，名曰桃。其子径三尺二寸。小狭核，食之令人增寿。"于是人们以桃为祝寿吉祥物。

不管哪一种说法，桃实际上已成为必备的祝寿吉祥物。

鹤、龟、松

鹤被视为羽族之长，民间称之为"一品鸟"，仅在凤凰之下。传说鹤寿量无限，被视为长寿之王。

龟因其长寿也被人们视为长寿象征。

松树终年长青，是斗严寒抗风霜，生命力极强的植物，其树龄很长，可达数千年，民间也常用松树代表长寿。

这一类常见吉祥物常搭配在一起表示长寿。松鹤在一起叫"松鹤长寿""鹤寿松龄""松鹤延年""松鹤遐龄"。鹤与龟画在一起，叫"龟龄鹤寿""龟鹤齐龄""龟鹤延年"。如果画众仙仰望寿星跨鹤，叫"群仙献寿"，画鹤、鹿、梧桐叫"六合同春"，而鹤立岩石边叫"一品当朝"。

我们常在寿星图或有关长寿的图案中见到上述三种动、植物。只要有它们，就代表长寿。

五瑞图

五瑞图是象征长寿的一种图，古人常画来祝寿祈福求平安。这五瑞指：椿树、萱草、芝兰、磐石和竹。

椿树代表高寿，庄子中记载上古有大椿，以人千岁为春，以八千岁为秋。后来人们把椿树看作长寿象征。

萱草又叫忘忧草。据说能使人忘忧。

芝兰是一种种于庭阶的家养植物，比喻子孙是养于家中而不是野生。

磐石是又扁又厚的大石头，放在地上屹然不动。古人诗中有"君当为磐石，妾当为蒲苇；蒲苇韧如丝，磐石无转移"的诗句。后人就用磐石表示稳固。又因磐石坚实、长久不坏，有"寿石"雅号，也被人们视为长寿象征。

竹子象征平安，古人以竹板作纸写信回家，说在外百事咸宜，就称"竹报平安"，后人又在信笺上印有竹枝或竹叶，以代语"平安"。

春节之时，如果家里挂上一幅"五瑞图"，象征着这家在新的一年里长寿无忧，子孙昌隆，家基稳固，百事平安。因此，我国的民间把"五瑞图"作为自己的家庭吉祥物，以此使家庭得到庇护。现在，每逢春节，不少家庭仍然挂上"五瑞图"，当然是想讨个吉利了。

"寿"字吉祥物

寿，繁体字为寿，它本来是普通的汉字，但由于人们长寿的观念使它远远地超越了一般的汉字，不仅字意延伸丰富，而且字体变化多端，在寿的文字图像上人们也大作文章而把它图案化、艺术化了，变成了一种长寿吉祥物。据统计，寿字有三百多种图形，包括单字表意的图案（如字形长的叫长寿，字形圆的叫圆寿）和多字表意的图案，如"百寿图""双百寿图""五福捧寿"等。这些寿字图案广泛地应用在日常生活中，家具、建筑、器皿也常常绘有"寿"字图案。上了年纪的人常穿有寿字的衣服，枕绣有寿字的枕头，盖的是织有寿字的被，北方农村的炕围画中也常绘寿字，房子的椽头漆有寿。实际上，还有的在进院门的墙壁雕寿字或鎏金百寿图等等。所有这些都反映了中华民族追求健康长寿，希望用"寿"这一吉祥护符来保佑自己的美好愿望。

中国传统观念中五福的第一位就是寿。《尚书·洪范》中记载："五福，一曰寿"，古人认为人在一切在，因而追求生命的长久，在寿字上做文章是很自然的。《辞源》中对"寿"字义的解释有七项，除一项之外，其余都与长命有关。在汉语中以寿为主题组成的词汇很多，如寿元、寿安、寿恺、寿康、寿乐等。许多事物也被冠以寿字，如菊称为寿菊，桃称为寿桃，天空里的老人星被看作是寿星，祝寿的酒被称为寿酒。还有专门用来祝寿的文字，如万古长青的松柏，寿有千年的龟鹤，食可延年的灵芝、仙桃、枸杞、菊花等。

寿面

民间祝寿，尤其是家庭中祝寿，往往都要吃寿面。寿面是一种长长的面条。在祝寿时，红烛高照，寿星坐上方，全家人陪寿星吃长长的寿面。关于寿面，还有一个传说。

西汉时，汉武帝与群臣聊天，谈及长寿问题。汉武帝说，相书上说，人中（鼻和上唇之间的穴位）长，寿命长，如果人中长一寸，可以活一百岁。这时，群臣或者附和，或者不吭声。东方朔却大笑起来，群臣责怪他无礼，东方朔却笑着说："如果说人中一寸长活一百岁，那么，彭祖八百岁，那人中岂不是有八寸长？彭祖一定是长面（脸）了。"群臣想到长八寸的人中，脸一定十分滑稽，也同时大笑起来。后来，人们把长寿与长人中、长面（脸）结合起来，长面（脸）也就成为长面（条）了。为祝贺别人长寿，就以长长的面条为贺礼，这就是

祝寿用长面（条）为吉祥物的来历。

其他长寿吉祥物

寿幛用绸布题字为祝寿之礼，一般用大红色。寿幛上的字一般简短，如仅一"寿"，或"寿比南山"之类。字一般用金纸剪下贴上，也有用玻璃框装上，叫"寿屏"。

寿联即贺寿用的对联。一般写上吉祥平安、长寿不老等含义的句子。

月季四季开放，连绵不断，称为四季花或长春花。故而，月季有长寿的意义。月季配花瓶，称"四季平安"。

名人祝寿的礼仪

祝寿，新中国曾明文规定不准给党的领导人祝寿。因此，名人和要人的概念，是不包括中国共产党领导人在内的党内外从事科学、教育、理论研究、文字艺术、体育等各方面工作的著名人士。当这些人士逢高龄寿辰时，有关部门出面为他们祝寿。这种祝寿活动，又常常与研究他们的学术和思想结合起来，具有更为积极的意义。

上述祝寿活动目前多数由当事人所在单位或学术团体发起举行。其大致步骤是：

（1）发起单位通过刊登通知、散发请柬，将即将举行的祝寿活动向社会宣布；并向有关部门、团体及各界知名人士寄送请柬。将在何时、何地举行祝寿活动通知各方。

（2）布置祝寿会场。如"寿星"年事已高，且条件许可，也可在其家中客厅里布置"寿堂"。会场中央或厅堂正中，通常张挂有"寿"字的大红寿幛；上面高悬寿匾；两旁可张挂寿联。如寿堂设在家中，还可以在茶几上摆上几盘水果，屋里设置松柏、翠竹、梅花、万年青等象征高寿与情操的花卉盆景。同时播放热烈喜庆的乐曲。

（3）举行祝寿仪式。祝寿仪式由司仪主持。首先宣读党和政府向"寿星"发来的祝寿函电；接着由声望最高、地位最显的来宾致祝寿词，然后各界代表陆续发言道贺。致词内容，主要是赞颂"寿星"对国家、对人民和对其所从事事业的贡献。致词完毕，各界代表向寿翁赠送寿礼。一般大都是文房四宝、精美书籍及名人字画。寿翁在收受贺礼后应致答谢词。但也可由其学生、子弟代为答谢。

（4）茶点余兴。大型的祝寿活动，无论在会场或家中，都可采用茶点形式。即预先定做一只较大的奶油蛋糕，然后众人分吃，并佐以水果茶点。这样既经济实惠，又能便宾客尽兴。用茶点的同时，可由文艺体育团体演出一些节目，或请著名艺人客串表演小品。

（5）摄影留念。参加祝寿活动的全体宾客，可与寿翁一起摄影留念。因为名人、要人一般年纪较高，这种照片十分珍贵。有条件的，还可摄制一些录像片，日后也将成为极珍贵的历史资料。

祝寿应遵守的礼仪

祝寿活动，是一种比较正规的社会交往的礼仪性活动。它不同于一般性的串亲访友或赴宴，故举行参加这种活动均应做好一定的准备工作。

寿礼

参加祝寿活动，除了团体性的给社会名流、要人祝寿由集体准备外，凡参加个人祝寿活动，都要携带一些寿礼。寿礼一般可选包装精美、做工精细的，含有祝贺健康长寿、吉祥如意意义的食品或物品。在农村，如今仍习惯赠送糕团、寿面，还应放上红纸或由红纸剪成的"寿"或"福"字，或者寓意长寿和兴旺发达的饰花。城市中习惯赠送蛋糕的宾客，亦应注意请糕点师傅在裱花时裱上"寿"字，或画上寿桃等。

语言

寿辰在我国民间被看作是大吉大利的日子，因此语言以祝贺、颂扬为主。不仅对于"寿星"如此，对于"寿星"的亲属以及宾客也应如此。一切易引起争论的话题都不宜在祝寿活动或宴席间交谈。即使过去曾与谁发生过不愉快的事，见面时也应有宽宏大度，将往事搁置在一边。宴饮要节制，不能酗酒，以防止失态或失仪。若携带小孩参加祝寿活动，则不能让小孩哭闹，最好尽量避免带小孩出席。

服饰

参加祝寿活动的服饰宜选用色调明快、含有吉庆之意的红、黄等色。切忌穿全黑、全白的服装，也忌穿黑白相配的服装。

行礼

举行祝寿礼仪，过去一般是同辈抱拳打躬；晚辈鞠躬；儿孙辈有的地方行跪拜礼。现在，同辈一般改为握手；晚辈或儿孙辈也只需鞠躬就行了。如"寿星"思想守旧，希望行旧礼而自己又不乐意时，可以托词稍做回避，不要当场拒绝以免引起不快。

回礼

当祝寿活动结束时，主人家多适当赠给客人一些回礼，俗谓"敬福"。对此，祝寿者不应拒绝收受。

祝寿用品

寿幛

是在我国流行非常广泛的一种祝寿礼物，后来已成为布置寿堂时必备的一种装饰。一般是在整幅或大幅的布帛上写上吉祥的祝语贺词，向人表示祝贺寿辰。所用的布帛一般为红色或金色，大小如中堂。从明代起开始流行幛词，并在此基础上逐渐形成寿幛。

寿屏

是用做祝寿礼物的书画条幅，上面题写古语贺辞或画上八

仙、寿星之类内容的画。寿屏有两种，一种为四条幅、六条幅或八条幅，联列成组，用于挂在墙上；另一种是雕刻或镶嵌的用来祝寿的座屏或插屏，放于陈设在几案之上。《红楼梦》第七十一回中描写贾母寿辰时提到了当时寿屏的情况："贾母问道：'前儿些人家送礼来的，共有几家围屏？'凤姐儿道：'共有十六家，有十二架大的，……一面泥金百寿图的是头等。'"

百寿图

百寿图是一种专用于祝寿的礼品形式，既可以用于寿幛，也可以用于寿屏。基本形式是这样的：在一个大"寿"字的笔画中，布满一百个字体各不相同的小的"寿"字，明代已经有此习俗，其起源据说更早。清代人钱曾在《读书敏求记》中说：南绍定年间静江令史渭就在夫子岩上刻了百寿字。明代朱国桢《涌幢小品》中称：一位姓张的御史，家藏大寿字一幅，自其始祖所遗。字高四尺七寸，楷书黑文；其点划中，皆小寿字，白文作别法，满百无一同者。初时写寿字都是用墨写或朱书，清代已有人用泥金书写。到了近代，更有人用钱币拼缀，流为一种摆阔斗富的陋习，渐渐失去了祝寿的本意。

寿蜡

寿蜡即寿礼专用的蜡烛，一般为红色，长约30厘米左右，重约0.5公斤，蜡烛面上印有金色"寿"字或"福如东海""寿比南山"一类吉祥的祝语。举行寿礼时放在寿堂香案蜡扦上，放置寿蜡的数量各地不等；寿礼开始时点燃寿蜡，既有祝贺的意思，又增添许多欢乐喜庆的气氛。

福禄寿图

"福禄寿"是传统"五福"概念进一步集中和浓缩的产物，它们代表了世俗社会的基本和主要的追求。因此，以表现"福禄寿"为题材的图画，也就成了祝寿庆典上最常见的物品。不但自家寿堂大多悬挂此图，许多来宾也大多敬献此图。画面通常是一个和蔼可亲的老寿星形象，持杖牵鹿，杖头挂葫芦或仙桃，也可以手捧仙桃，身旁有飞舞的几只蝙蝠。蝙蝠、鹿（或葫芦）和寿星仙桃，分别寓意福、禄、寿。又有些地方的福禄寿图，还在寿星身后画上一个正翘首仰望蝙蝠飞来的小童，这叫作"翘盼福音"，充分体现出人们对幸福长寿的渴望。

子孙万代图

这是流行在我国北方和华东地区的一种祝寿图案，可用做雕刻或绘画的题材，常用来为老年妇女祝寿。绘画时画面常为圆形，上面是一个大葫芦，两侧各一个小葫芦，葫芦与葫芦根蔓相连，中间穿插几片葫芦叶。现实生活中的葫芦根蔓很长，民间通常用以象征"万代长久"；画面上大葫芦下，又生小葫芦，寓意"子孙不断"。整个画面的意思是祝福"子孙万代"。

寿山福海图

常作为家人为老人祝寿时悬挂于寿堂的礼物，亲友贺寿也常赠此图。图案大体为巨大的岩石兀立于大海之中，天空有飞来的蝙蝠。岩石代表山，蝙蝠寓意福，整个画面寓意"福如东海，寿比南山"。

富贵耄耋图

这是广泛流行于我国东、北部的一种祝寿吉祥图案，常用于为年满70或80岁的老人祝寿。画面通常画一株盛开的牡丹花，几只彩色蝴蝶在牡丹花上盘旋纷飞；花旁有几只逗人喜爱的小猫瞪着蝴蝶，作跃跃欲扑之状。耄、耋所指的具体年龄，古代典籍说法不尽一致，大体是指从70岁到90岁这一段；所以后来就以耄、耋作为长寿的代称。猫谐音"耄"，蝶谐音"耋"，牡丹花色彩艳丽，历来被认为是大富大贵的象征。三者和在一起，就是"富贵耄耋"的意思。以猫和蝶为主的画面还有"寿辰耄耋"图，由寿石和猫、蝶组成。

八团图

是一种画在寿器上的吉祥图案，流行于青海一带。画法是在寿器两面各画四个大圆圈，圆圈内或画花卉，或书一篆体"寿"字，寿字周围再画五只凤凰或蝙蝠，象征"五福捧寿"。

龙凤图

也是画在寿器上的一种图案。在寿器的左边画一条昂首腾飞的彩龙，右边画一只展翅飞舞的凤凰。寿器上画龙凤图案的人必须是有功名或为乡里建立过功勋的，否则不能画这种画案。

松鹤长寿图

松、鹤历来是中国人所认为的长寿生物。汉魏道教兴起，把松树的脂汁和寄生于松树的茯苓说成是可以流病延年、使人长生不死的仙药；加上松树经冬不凋谢，生长满而寿命长，于

是松树便成了最普遍的长寿吉祥物。一般白鹤的寿命实际只有50年左右，寿命最长的乌干达皇冠鹤也只能活120年，但在中国古人的眼中，鹤却成了仙人的象征。《花镜》说："鹤生七年则顶赤，七所羽翮具，十年而时鸣，三十年鸣中律，舞应节。……一百六十年则变止，千六百年则形定，饮而不食。"松和鹤本来是风马牛不相及，作为水鸟的白鹤几乎完全不可能出现在松树下，更不会停留在松树上，但在祈求长寿愿望的驱动之下，人们却大胆地突破了自然的限制，把松和鹤摆到了一起，用来作为长寿的象征。

在画面处理上，一般是画一株挺拔苍翠的青松，树上或树旁画上一只美丽的白鹤，背景则为白云、远山、太阳；画面题款多为"松鹤延年"或"松鹤遐龄"之类。也有松、鹤、鹿相配或梧桐、椿树与鹤、鹿相配的，叫作"鹿鹿（六合）同春"，寓意"福寿双全"（"禄"也有"福"的意思）。

民间用于表示祈寿吉祥的图案还很多，它们可以用于服饰、家具、图画、雕塑或各种日用工艺品上，例如：

长春白头——一只白头翁站在寿石和月季中间，月季花代表"四季长春"。

万代长春——在"万"字纹绣上散布月季花朵。

群仙拱寿——一在瘦劲奇特的寿石旁，画上几株飘飘欲仙的水仙花。

富贵白头——由白头翁和牡丹花组成。

白头同春——画两只白头翁站在梧桐树上，常用于祝福新婚夫妇或老年夫妇。

福禄双全——由蝙蝠和梅花鹿组成。

育龄食禄——画面为松柏下的梅花鹿。

四世同堂——画面为狮子，有几只狮子就表示祝福人家几世同堂。

福寿双全——一只蝙蝠、两个寿桃和两枚古钱，"钱"谐音"全"。

富贵无级——由桂花和桃花（也可以是牡丹花）组成。

椿萱并寿——由椿树和萱草组成，常见于子女为父母祝寿。

万年如意——由万年青和灵芝（寓意"如意"）组成。如添上柿子，就叫"万事如意"。

天地长春——天竹、长春花或再加南瓜组成。

岁寒三友——以耐冷的松、竹、梅比喻或祝福老人长寿而且有气节，也用于比喻朋友之间的友谊。

五瑞呈祥——将松、竹、萱、兰和寿石画在一起。

芝仙祝寿——由灵芝、水仙、竹子、寿石组成，四物全用谐音。

祝寿柬帖

寿柬，即是一种请帖，它是用来告知并邀请亲朋好友来参加自己长辈的寿辰而使用的一种帖子。民间一般是50周岁及50周岁以上的长辈，逢整十的生日举办寿礼、寿筵时，使用寿柬。寿庆柬帖与其他喜庆柬帖不同，通常都是由子孙或亲友具名的，不由寿星自己具名。寿柬的格式和写法除了按请柬要求外，还有其固定的用语，如父亲称"家严"，母亲称"家慈"，男子生日称"悬弧"，女子生日称"设悦"。儿子自称"承庆子"，若有祖父母在，则自称"重庆子"。在寿柬的款式上有横排，也有竖排两种。例如：

（1）为子孙具名的寿庆柬帖，父寿用"家严"或"家父"字样；母寿用"家慈"或"家母"字样，双寿则用"家严慈"字样并列。兄弟较多的，可由长子或推举兄弟中对外最有声誉的代表具名，有几代同堂的，只用"率子孙鞠躬"字样，不必附所有人的名字。

（2）为亲友具名的寿庆柬帖，多半适用于在社会较有声望的人士，下面为列载亲友代表的姓名。

为父母祝寿请酒帖

×月×日为家严（家慈）六旬寿辰洁治桃觞敬候
阖家光临

　　　　　　　　　　　　　　　×××鞠躬
　　　　　　　　　　　　　　　×月×日
　　　　　　　席设某处

为父母预祝请酒帖

> 某月某日为家严（家慈）几秩预庆治筵候
>
> 光临
>
> ×××鞠躬
>
> ×月×日
>
> 席设某处

双寿请酒帖

> ×月×日为家严慈几秩双寿恭备薄筵
>
> 敬请
>
> ×××　　　　　　　　　玉赐
>
> ×××顿首×月
>
> ×日
>
> 席设某处

通用寿请酒帖

> ×月×日××寿辰略备薄筵
>
> 敬请
>
> ×××　　　　　　　　　玉赐
>
> ×××顿首×月
>
> 席设某处

现代丧葬礼俗

　　丧葬礼俗是中华民族几千年文化文明史中的一部分，它涵盖了儒家、道家、佛家、三大教派的思想理念。我国现代丧葬礼俗继承和发展了古代的传统，加入了现代的理念；摒弃了古代的繁琐礼仪，加入了文明健康的因素，使这一礼俗变得隆重、简练，便于操作，反映了生者对于死者的寄意和对生命兴旺的美好愿望。

八、现代丧葬程序

新事新办的程序

（1）人一旦被证明确实已死亡，其亲友怀着悲痛的心情致电给附近的殡仪馆。不久，殡仪馆将会派汽车来运送遗体。到达殡仪馆后，陪伴死者的至亲去履行登记手续后，方可移入冰库。

（2）即时约人同办丧事，最好约几位稍有经验的亲友帮

忙，分管总务、财务（收支款项）、布置、招待及其他杂务。

（3）与殡仪馆洽谈有关治丧事宜。通常殡仪馆的人员会问下列诸事：开吊时间、丧礼采取何种仪式（是否宗教仪式）、家祭还是公祭等。

（4）灵堂的布置。灵堂布置以庄严肃穆为原则，正后方墙壁上扎"花牌"，有全花、半花两种，大致以深绿色为底，扎上黄色花朵图案。花牌的正前方置灵桌，灵桌后方正中央置四周扎有黄色鲜花的24英寸遗像（用黑边镜框）一座，灵桌上通常置备鲜花（黄白菊花为主）、供果、供菜，中间放灵位，两旁置大香烛一对，另有香炉等，如有致送素花篮的可置放灵桌两旁，以八字形排开较直。孝家挽联（死者之夫或妻及子女等挽联）挂在遗像两旁正后方的花牌上，其他各界人士致送的挽联、挽幛则可分别挂在灵堂两旁墙壁上。花圈、花篮安放于入门两侧。灵堂内左右置长桌，放香烟茶水，并置座椅若干，均备吊唁者休息之用。灵堂门外小间左右或灵堂外两侧地上置长桌，一边为收礼处，一边为签名处。

（5）讣闻的刊发。为向亲友们报告死者逝世及吊丧时间地点，可口头通知，也可发讣闻或登报纸讣闻。

（6）收礼处、签名处应注意事项。普通丧事各方送礼大致不外花圈、花篮、挽联、挽幛、奠仪（礼金）等五种，应置备礼簿及谢帖，一方面登记收礼项目及数量，一方面写谢帖交送礼者作为证明之用。礼簿记载得清楚，可作为将来回报的参考。在签名处这一边，通常是招呼来吊唁者签名，并随手送上一朵纸花供佩戴用。

（7）出殡注意事项。参加送殡的人数要有约略估计，不论亲友多少，要准备必要的车辆，以供送殡者乘坐。如果是中午时刻送殡，还需准备点心和饮料。

追悼会仪式

追悼会，是一个新式的形式。它通常是在一个比较宽敞的地方，在那里设置灵堂，再进行专门的布置之后，用以寄托哀思，表达对死者哀悼之情。会场布置务必庄严肃穆，正中悬挂死者遗像，已经火化的就将骨灰盒置放灵堂桌上，覆盖红布。未火化的，正中放置棺材，周围摆放花圈、松柏，两边墙上挂上挽联、挽幛。正面墙上挂着著有"×××同志追悼会"的横幅，白纸黑字。如果向遗体告别，横幅上则写着"向×××同志遗体告别"。会场布置好后，可安排参加追悼会者站好队，逝者亲属站立左边，主要亲属站前排，其他与会者则站在会场正中，面向死者遗像或遗体，分排站好。追悼会主持者则站立前排左边，一半向着死者亲属，一半向着其他与会者。其后追悼会正式开始，其仪式：

（1）×××同志追悼会开始。

（2）奏哀乐。

（3）全体肃立，向×××同志遗像（体）致敬，一鞠躬、二鞠躬、三鞠躬。

（4）敬献花圈。

（5）×××同志致悼词。

（6）×××代表讲话。

（7）宣读唁电、唁函。

（8）家属讲话。

（9）奏哀乐，向×××同志遗体告别。

骨灰盒安放仪式

安放骨灰盒的仪式，一般在墓地进行。

墓地一般立有墓碑。墓碑的正面刻有墓中人的姓名、立碑人以及立碑时间。碑的背面不刻写碑文。

死者亲属肃立墓穴前，由承祀人（墓中人的子、女）手捧骨灰盒缓缓放入墓穴。然后封穴盖顶。封穴毕，在墓碑前的亲属献上花圈、鲜果，并行礼致哀。

倘若骨灰盒是安放在殡仪馆或火葬场的骨灰盒存放室，则仪式可以从简。只是在骨灰盒前安放小花圈和鲜果进行祭供，并行礼致哀。

九、现代丧葬文告

讣　告

讣告，又叫讣文。它是一种报丧用的文书。一般由死者的亲属或治丧委员会发出。讣告的发出应该在向遗体告别以前，以便死者的亲友及时地做出必要的准备，如送花圈、挽联等。

讣告的发布方法有很多，可以通过新闻媒体，如电视台、报纸或电台向社会发出。

讣告的用语要求准确、简洁、严肃、郑重。表示对死者的哀悼。

讣告一般分为公告式、一般式及新闻报导式三种形式。

一般式讣告

这是最常见的一种，它的主要内容包括以下五个方面：

（1）在开头一行的中间写"讣告"二字，或在讣告前冠以死者名字，如：×××讣告。字体要略大于正文的字。

（2）写明死者的姓名、身份、因何逝世、逝世的日期、地点、终年岁数。终年也有的写为享年，意思是说享受过有生之年。终年则指死时已活到多少年。享年，一般用于自己的长辈或人们所敬重的老者。终年的用法较广泛，不带有感情色彩。

（3）简介死者生平。这是指死者生前重大的、具有代表性的经历，并不是履历表的复写。

（4）通知吊唁、开追悼会的时间、地点。

（5）署明发讣告的个人或团体的名称，以及发讣告的时间。

例：

讣　告

原××省××厅厅长×××同志，因病医治无效，不幸于199×年×月×日下午3点43分逝世，享年78岁。今定于199×年×月×日上午10点在××火葬场火化，并遵照×××同志的遗愿，一切从简，特此讣告。

×××省××厅启
199×年×月×日

讣告的语言要求准确、简练、严肃、郑重，以体现对死者的哀悼。有的人觉得这样写过于平板，于是在最后写上"欢迎各位光临（参加）"，这就失去了讣告应具备的严肃性，显得很不庄重。

现代的书面语与五六十年前的书面语存在着一定的差异，尤其在应用文体方面更是如此。这是因为现代书面语要求与口语尽量保持一致，文字要写得明白，让人一看就懂。另一方面，词汇随着时代的发展变化也发生了相应的变化。如"先考"（已去世的父亲）、"先妣"（已去世的母亲）以及"讳"等字，现代汉语中已不多见。"考""妣"字早被"父""母"代替。"讳"字就更有封建色彩。在封建社会，臣下不可直呼君王的名字，否则就是犯上。儿女也不可直呼长辈的名字，否则同样是大逆不孝。"讳"就是"避讳"的意思，在父母的名字前加"讳"，也带有封建礼教的色彩，现在早已废除。

公告式讣告

这种形式的讣告比一般式讣告要隆重、庄严得多。这种讣告往往是根据死者的职务、身份，由党和国家或一定级别的机关、团体等做出决定发出的，它往往由公告本身及其他文件（消息）共同组成。事实上，它们共同组成了一个完整的讣告。在内容上与一般式讣告基本无异，但在结构安排上有显著不同。这样做是为了显示其性质的庄严隆重。这类讣告的写法：

公布逝世的消息

①写明"公告"的发出单位名称及"公告"二字，这与"讣告"不同的是，"公告"前冠以发出单位的名称，而"讣告"前则写的是死者的姓名。

②写明死者的职务、姓名、逝世原因、时间、地点以及终年岁数。

③有对死者的简单评价和哀悼之辞。

④署明公告时间。

以上公告虽然不是由治丧委员会发出的，但却是讣告中不可缺少的组成部分。

治丧委员会公告

这是讣告的核心部分，包括：

①往往用粗体大写字说明"×××同志治丧委员会公告"字样。

②对丧事的安排及具体要求。

③署名公告的时间。

公布治丧委员会名单

以上三个文件往往同时发出。

例：

中国共产党中央委员会　　中华人民共和国全国
人民代表大会常务委员会　　中华人民共和国国务院

公　告

中国共产党中央委员会、中华人民共和国全国人民代表大会常务委员会、中华人民共和国国务院以极其沉痛的心情宣告：我国爱国主义、民主主义、国际主义和共产主义的伟大战士，杰出的国际政治活动家、卓越的国家领导人、中华人民共和国名誉主席、中华人民共和国全国人民代表大会常务委员会副委员长宋庆龄同志因患慢性淋巴细胞白血病，于一九八一年五月二十九日二十时十八分在北京逝世，终年九十岁。

宋庆龄同志的逝世，是我们国家和全国人民的巨大损失。决定为宋庆龄同志举行国葬，以表达我国各族人民的沉痛悼念。

宋庆龄同志治丧委员会已经成立。

我国爱国主义、民主主义、国际主义和共产主义的伟大战士,卓越国家领导人宋庆龄同志永垂不朽!

一九八一年五月二十九日

宋庆龄同志治丧委员会公告

为了表达全国各族人民对我国爱国主义、民主主义、国际主义和共产主义的伟大战士,杰出的国际政治活动家、卓越的国家领导人,中华人民共和国名誉主席、中华人民共和国全国人民代表大会常务委员会副委员长宋庆龄同志的深切哀悼,现决定:

一、五月三十一日至六月二日,在人民大会堂举行吊唁。中央党政机关、各民主党派、人民团体和北京市各方面的负责人,各方面的群众代表以及外国驻华使节和在京的国际友好人士,参加吊唁,瞻仰遗容。

二、六月三日下午四时在人民大会堂大礼堂举行追悼会。中央人民广播电台、中央电视台转播追悼会的实况。

三、从五月三十日至六月三日,在北京新华门、天安门、外交部和我国驻外使领馆及其他驻外机构均下半旗致哀,六月三日举行追悼会的当天,全国下半旗致哀,同时停止娱乐活动一天。

四、依照我国惯例,不邀请外国政府和友好人士派代表团或代表来华吊唁。

特此公告

一九八一年五月二十九日

宋庆龄同志治丧委员会名单

宋庆龄同志治丧委员会名单（三百九十二人，以姓氏笔画为序）（略）

新闻报道式

这种形式常作为一则消息在报纸上公布，旨在晓谕社会。内容和形式都很简单。

以上三种形式，最常见、最通用的是第一种。另外应注意的是，凡讣告用纸的颜色，根据中国传统习惯不用红色，一般用白纸，上书黑字。

悼　词

现代悼词有广义和狭义之分。广义的悼词指向死者表示哀悼，缅情与敬意的悼念性文章，狭义的悼词专指在追悼会上对死者表示敬意与哀思的宣读式的专用哀悼文体。但不论是广义还是狭义的悼词，都有共同的基本特征，即充分肯定死者对社会的贡献，真诚表达生者的悼念和敬意，以质朴无华的语言和多种多样的形式体现化悲痛为力量的积极内容。

悼词按用途可分为宣读体和书面体两大类，如以表现手法分类，不论哪种体的悼词，写法上都不外记叙式、议论式和抒情式三大类。而宣读体悼词多用前两种，尤以记叙式悼词最为常见。

记叙式悼词，以记叙死者的生平业绩为主，并适当地结合抒情或议论。这是现代悼词最常见的类型。通常的宣读悼词往往采用这种形式。

例：

在×××同志追悼会上的悼词

今天，我们怀着沉重的心情，深切悼念×××同志。

×××同志出生于一九××年×月×日，××省××县人。一九××年×月参加革命工作，一九××年×月加入中国共产党。历任××科长、××局长、局党委书记等职。

×××同志长期在山区工作，一贯忠实于党的事业。他认真学习马列主义、毛泽东思想，坚决拥护党的十一届三中全会以来的路线、方针、政策。×××同志是×××县绿化造林建设上的组织者和领导者。为了改变山区绿化工作落后面貌，他带领群众深入山区，植树造林，绿化荒山，改变了我县水土流失严重的局面。他工作认真负责，锐意进取，表现了一个好党员、好干部的思想风貌。

×××同志热爱祖国、热爱人民、热爱科学，在工作中能团结同志，帮助同志，严于律己、宽以待人，从不以权谋私，自觉遵守党的纪律，在端正党风当中，为我们作出了表率。

×××同志于×月×日×时与世长辞。他的一生，是革命的一生，是为人民服务的一生。今天，全县×××名干部和×××同志生前友好，在这里开追悼会，悼念×××同志。我们要化悲痛为力量，学习他的革命精神和优秀品质，学习他脚踏实地，克己奉公的工作态度，贯彻执行党的方针政策，奋力拼搏，开拓进取，把我县尽快建成富裕县，以告慰×××同志的在天之灵。

×××同志安息吧！

×××同志治丧委员会

哀悼慰问信

哀悼慰问信又称哀悼唁慰信，一般用在亲朋好友的家庭发生了丧事而无法赶去参加治丧时可发此函哀悼慰问。

哀悼唁慰信按照写信人、收信人和去世者的关系，可分为二类：

（1）给自己的亲属、亲戚发的哀悼与自己有一定血缘关系或亲戚关系的人去世的唁慰信，一般应写给与去世者关系密切的人。这类唁慰信，通常要对死者的功德给予适当的评价，特别要概括说明去世者生前与自己的关系，诸如彼此间的交往，死者曾给予自己的帮助等。如果死者刚刚去世还要劝慰收信人节哀顺变。倘若是事隔许久才得知噩耗，则须说明原因，并表示自己的怀念之情。同时表示要化悲痛为力量，前仆后继，开创大业。如果得知堂兄逝世即写信给叔父表示哀悼慰问：

叔父：

你六月一日的手谕及区家美君与燕如信均于近日收到，因我近几个月来在外东跑西跑，值近日始归。

从你的信中获悉一切，短短十余年变化确大。不幸林哥作古，家失柱石，使我悲痛万分，我已然不能不在外奔走，家中所恃者全系林哥，而今林哥又与世长辞，实使我不安，使我心痛。

叔父，我虽一时不能回家，我牺牲了我的一切幸福，为我的事业来奋斗，请你相信这一道路是光明的，伟大的，愿以我的成功的事业报答你与我母亲对我的恩爱，报答林哥对我的培养。

叔父，承提及你我两家重新统一问题，实给我极大的兴奋。我极望早日成功，能使我年高的母亲及我的嫂嫂与侄儿女等，与你家共聚一堂，度些愉快舒适的日子。有蒙重爱，我不仅不能忘记，自当以一切力量报与之。

拟到达目的地后，再告通讯处。专此敬请。

福安

侄字　林

九月十八日晚

（2）为朋友、同事家中的丧事而发的哀悼唁慰信、友人的亲属或挚友丧亡均可发函表示哀悼唁慰。这类唁慰信可先写惊悉噩耗，心情悲痛。接着说明生老病死乃人生之自然规律，进而劝慰友人节哀顺变，保重身体，以便努力完成死者的遗志。有的也可对死者生前的品德为人加以赞颂。内容一般较简短。

×××：

惊悉你父亲因心脏病复发，于五日去世。这个不幸的消息使我十分难过。伯父是一个忠厚的长者，循循善诱的老师，我们都为他的长辞而惋惜。大家悲痛的心情是难以用言语来表达的。

我知道你此刻一定悲哀万分，但是你要节哀自重。逝者的重任需要我们来承担，努力完成老人的遗志，是我们对死者的最好纪念。

希望你多多保重。

××
一九九四年一月六日

出于人际关系的礼仪，治丧者收到哀悼唁慰信后，应回信答谢，并表示自己今后对生活、工作的态度。内容亦极简短。下面是一封答谢唁慰母丧的回信：

吴斌仁兄：

顷奉唁函，并承厚仪，敬领之下，感及殁存。先慈身体素好，病初发时医生均云无碍，岂知日深一日，针药无效，延至十月十日竟然瞑目长逝。弟正悲痛欲绝之时，乃多劳教慰，足见又情谊深厚，弟当遵嘱。哀此叩谢。敬请

台安

弟　薛文俊上
二月二十日

十、丧葬善后事宜

慰问死者家属的礼仪

人生中最难受的事情莫过于生离死别。生离虽难,但总还有他日重聚之望,而一旦死别则成永诀。特别旧社会所谓的人生三大不幸:幼年丧父(或母)、中年丧妻(或夫)、老年丧子(或女,或婿),更加让当事者痛断肝肠。因而,对死者家属的慰问是十分必要的。

安慰死者家属不仅仅是表示同情,或者相伴流泪。一般来说,要注意以下几个方面:

(1)了解死者亲属的身体健康状况。因为过度的悲伤和因对死者临终前连日侍奉的劳累(特别是久病不愈),会使死者亲属的体力下降,甚至因哀伤过度而致病。如本来就患有慢性病症的,则更应劝其节哀止悲。此外,可找几个平日知心的朋友一起相劝,尽量转移话题,分散其注意力。对于特别会引起亲人悲伤的送葬或火化场面,如死者亲属身体多病或年迈,则应劝阻其不要去现场。以免因悲恸过分而发生意外。

（2）了解死者亲属在死者去世后的主要思想顾虑，或是家庭困难，或是子女教育，或者有未竟之遗业。对此，要有的放矢地做好劝慰。如需通过组织、亲友、师长或子弟解决的，则应积极协助解决。以使亲属打消顾虑，减轻忧虑和悲痛。

（3）针对亲属的喜好，拣他（或她）高兴的事多讲。例如亲人虽已亡故，但子女们已经成才，且学有长进，工作有成绩的，则应多多提及子女情况，使亲属看到希望。如果能让子女同时进行劝慰，效果当然更好。

（4）如死者亲属由于悲痛而对丧事的料理或接待工作有所疏忽或不周之处，都应予以谅解，不仅如此，还要积极配合亲属处理好各项事务，决不要因事而心存芥蒂，以致使死者亲属更加伤心和悲痛。

丧　服

以前丧葬要穿白戴孝表示对亡者哀悼，现在只在左胳膊上带块黑布上面写一个"孝"字表示老人去世，自己正在孝期。一般党政机关领导干部去世后，举行追悼大会时，在场的同志左胳膊上也都套戴黑布，表示对亡者哀悼，但不写"孝"字。

最后要强调的是现在大力提倡火葬，因此一些传统的丧葬仪式有些变化。

祭扫先人墓的仪式

现在,农村中许多地方都已平坟还田;有的地方实行火葬,骨灰寄放在殡仪馆;有的则埋入公墓。因此,祭扫仪式也有新的改革,不再像传统的形式那样复杂。

每逢清明或忌日,在扫祭先人墓时,应注意以下仪式。

(1)肃立默哀。参加人数较多时也可放哀乐。

(2)主祭者就位,众亲友于原地就位。

(3)主祭者到墓前献花果,拈花献花,捧果献果,主祭者行一鞠躬礼。

(4)有条件的,还可读祭文。祭文是在清明和忌日扫墓活动中,由主祭人诵读的悼念性的文字。祭文不受时间性的限制,它可以缅怀几年前、几十年前故去的人。悼词则一般用在逝者故后的首次纪念仪式上。祭文的写法很像书信,不过它的称呼对象却是逝者。其实,祭文本是给活着的人听的,为的是让生者继承先辈的优良传统,踏着逝者未走完的道路继续前进。

(5)祭扫先人墓的仪式,可先献上花圈或一束鲜花。如系坟墓,在行鞠躬礼或祭奠默哀后,要打扫一下坟墓周围的环境卫生,骨灰寄放在殡仪馆的,可先献上精制的微型花圈或塑料花束。然后,把骨灰盒的积尘掸净,瞻仰遗像,鞠躬行礼,并低头默哀,以寄托本身的哀思。

现代节日礼俗

现代节日包括我国的传统节日、国家节日和世界上比较流行的一些节日。现代节日礼俗囊括了我国和西方国家礼俗的精华，它体现了世界人民的和平愿望，也展现了各民族的特色。本书选择了我国的元旦、春节、建党、建军、国庆等节日礼俗，世界性节日选择了三八节、劳动节、母亲节、情人节、圣诞节等，了解现代节日礼俗，对于现代人的交际、事业都有重大意义。

十一、元旦、春节礼俗

元旦致辞

"元旦"一词最早来源于传说中的三皇五帝之一——颛顼。他把农历正月称之为元,初一为旦。元旦即是一年的首日。"元"含有第一和开始之意,"旦"则是一轮红日从地面开始升起。"元"和"旦"合在一起,就是要人们以蓬勃朝气来迎接崭新的一年。现在将阳历1月1日定为元旦。这一天,我

国城市和农村，都张灯结彩，披上了节日的盛装，单位悬起"庆祝元旦"的巨幅标语并且召开庆祝会，欢庆新的一年的到来。

新年到来之际，各级领导要做"新年献辞"，单位领导要做"元旦致辞"，回顾和总结过去的一年工作、学习和职工生活方面的经验和不足，提出新的一年的奋斗目标和美好的祝愿。职工代表也发言，表达在新的一年里如何干好工作的决心。

领导新年致辞

例：

中国水电工程总公司孙玉才总经理1999年新年致辞

总公司系统广大职工、家属同志们：

记载着光荣与辉煌业绩的1998年即将过去，充满希望与挑战的1999年已经走来。在这辞旧迎新、欢庆佳节之际，我谨代表中国水利水电工程总公司、水电总公司党组向工作在各条战线上的广大职工、离退休人员和职工家属表示热烈的节日祝贺，向节日期间坚守在工作岗位上的同志致以最亲切的慰问！

1998年是不平凡的一年，在这一年里，全国人民认真贯彻落实党的十五大精神，经历了亚洲金融危机冲击和我国长江、嫩江流域洪涝灾害的严峻考验并取得了重大的胜利。总公司系统广大职工紧密地团结在以江泽民同志为核心的党中央周围，在国家电力公司的正确领导下，艰苦奋斗、顽强拼搏，各项工作都取得了巨大的成绩。长江三峡、黄河小浪底等国家重点工程项目施工进展顺利，二滩、万家寨、天荒坪、广蓄二期、天生桥一级、凌津滩等项目首台机组按期投产发电，其他在建大中型水电项目分别完成了截流、蓄水等年度施工计划。1998年总公司系统共完成大中型水电机组投产13台277.75万千瓦，占全国大中型水电站装机总量的78.9%，创年完成投产任务的历史最高纪录。全系统1998年累计完成企业总产值86亿元，全员劳动生产率突破60000元/人年，实现了企业经济的稳步发展。

在这一年里，企业各项改革工作进展顺利。总公司系统以产权纽带连结为特征的母子公司关系正在逐步建立。夹江厂等单位多种经营企业改制工作获得突破进展并创造了新鲜的经验。全系统劳保统筹移交地方工作基本完成，企业再就业工作进展顺利。企业内党的建设和思想政治工作取得显著成果，保持了改革、发展和稳定的大局，实现了物质文明和精神文明建设的双丰收。

当前，由于受国家宏观调控的影响，水电项目开工不足，各施工单位人员待岗、窝工现象严重，加上历史包袱沉重和企业经营不善等原因，我们目前仍然面临着较大的困难。对于这一点，要有充分的思想准备。改革发展的大政方针已定，我们必须走集约、高效的智力密集型道路，努力提高现有人员素质，增加施工和管理中的科技含量，继续优化队伍结构和调整产业结构，在充分占领水电建筑市场的同时，积极开辟其他市场，坚定信心，知难而进。

1999年是20世纪的最后一年，也是我国实现国有大中型企业改革和脱困目标的关键一年，水电施工企业在新的一年里，要继续以邓小平理论和党的十五大精神为指导，坚持两个文明一起抓，不断深化改革，锐意进取，在母子公司的新体制下，切实加强国有资产的运营和管理，认真抓好在建工程建设，大力开辟国内外市场，建立健全企业的激励和约束机制，做好下岗职工的再就业工作，努力实现全年的奋斗目标。

总公司系统广大职工和家属同志们，新的一年即将开始，让我们在迎接建国五十周年庆典和我国恢复对澳门行使主权的喜庆气氛中，同心同德，恪尽职守，立足岗位，发奋图强，取得改革和发展的新胜利！

祝同志们新年愉快，身体健康，家庭幸福！

单位领导致辞

例：

同志们：

今天是1999年元旦，首先我代表厂党委向同志们致以节日的问候。新的一年又开始了，距21世纪只有一年时间了。重任在肩，时不我待。如何以高昂的斗志、崭新的风貌跨入下个世纪，乃是我们几代人都应深思的问题。世界在发展，历史在前进，而时间却像个铁面无私的法官，它不管人们对事物把握得怎样，总是以它不紧不慢特有的规律往前走，是做时间的主人，还是做时间的奴仆，行动是最好的回答！那就是，我们绝不能带着任何遗憾跨入21世纪。

回顾过去的一年，我们在厂党委的领导下，深化改革，锐意进取，转换机制，努力拼搏。全厂职工心往一处想，劲往一处使，同心同德，在市场竞争中，掌握了市场的主动权，抓住了机遇，制定了商品的产、供、销一条龙的经营方针，把产品打入了国际市场，在国内市场占据较大份额，并得到了广大用户和消费者的认可，取得了第一回合的胜利，这是全厂职工共同努力的结果。但同时，我们还要看到，前进道路上还有许多困难和阻力，我们工作中还有许多问题和不足，商品质量上还要精益求精，这些都需要我们时刻保持清醒的头脑，才能在市场经济大潮中立于不败之地。

新的一年向我们提出了新的要求，我们要以百倍的干劲，高效和质量，全能的服务迎接新的一年的到来。

最后祝大家元旦快乐！

职工代表致辞

例一：

各位领导、各位同志：

今天是2001年元旦，在这喜庆的时刻，我愿为大家献诗一首，表达我深深的祝福。

又是一年，

又长一岁。

衷心祝福你，朋友，

风华常在，

青春永驻。

在这美丽温馨的岁末，

亲爱的朋友，

祝你新年快乐，事事如意。

例二：

各位领导、各位工友：

　　1999年从今天开始了。距离21世纪越来越近了。站在世纪之交的起跑线上，我们深感肩上担子的沉重。时代赋予我们新的使命，历史又向我们提出了新的挑战，作为跨世纪的一代人，作为社会主义建设中的一分子，我们绝不会辜负时代的重托。虽然我厂的产品在激烈的市场竞争中占据了一席之地，但成绩只能说明过去，我们还要保持清醒的头脑，以科学的态度研究市场新动态，把我们的牌子打得更响，争取在1999年再打一个翻身仗，以实际行动迎接21世纪的到来。

　　最后祝大家元旦快乐！

新年贺卡

　　新年贺卡也称为贺年卡，它是贺卡的一种，起源于古代的"岁帖"，即皋年名片。古人在除岁、新正之时互相投递，以广交游。它是诗化的书信，以轻松活泼的形式表达丰富的情感，意味隽永，既有赏玩价值，又有纪念意义，且投递方便，易于保存，故日益风靡，已成为新年祝贺的好形式。

　　现代社会贺卡的种类很多且使用方便，使用者可根据与收卡人的关系，在贺卡上端题写收卡人的姓名，下端签署自己的姓名。也可题写符合自己心境，更便于抒发自己感情的语言，如"新春如意，四季平安""新年快乐""愿你每天都拥有新的太阳""浓浓的情谊与祝福,绵绵的思念与问安""愿幸福、美满、健康、快乐——永远伴随你"等。题词内容丰富多彩,格式各种各样。

贺卡形式

例一:

```
×××老师:
    愿我的祝福萦绕着您
    在您缤纷的人生之旅
    健康、快乐、平安、幸福
                        学生×××敬贺
                        ××××年×月×
```

例二:

```
××女士:
    愿你  分分秒秒都幸运
          时时刻刻都称心
          日日夜夜都快乐
    祝你  新年快乐  万事如意
                        ×××
                        ××××年×月×
```

例三:

```
××仁兄:
        祝你   新年快乐
               四季平安
                        ×××敬贺
                        ××××年×月×
```

例四：

> ×××同学：
> 　　在这除旧迎新的时刻，让曙光照耀着你绚丽的新路旅程，考上称心的学校。
>
> 　　　　　　　　　　　　　　同学×××
> 　　　　　　　　　　　　　×××年×月×

例五：

> ×××先生：
> 　　银波为笺
> 　　风帆为词
> 　　祝福您无忧无虑
> 　　乘风破浪，开拓远大前程
>
> 　　　　　　　　　　　　　×××年除夕

例六：

> 　　请别用尺量
> 　　也别用斗量
> 　　我诚挚的友情
> 　　用你的心灵去感应
> 　　今年，无论你到哪里
> 　　请把我的祝福带着
> 　　友谊地久天长
>
> 　　　　　　　　　　　　　　　　×××

新年贺信

新年到来，为了表示对同志、朋友、同学的美好祝愿常互相致信祝贺。同时，重叙情谊，预祝来年取得更大成绩。

例一：

××先生：

您好！值此新春佳节之际，谨向您表示衷心的祝福，祝新年事事如意

  合家欢乐！

弟××谨上
××年×月×日

例二：

××女士：

人间新的一年又来到了，天上星球又旋转了一圈。恭贺您新年平安吉祥，全家更添幸福！贵公司大业一天更比一天兴旺，财源一月更比一月茂盛。我因路遥，不能前来拜望，特备一帖，遥相恭贺！

××启
××年××月××日

春节致辞

春节是我国特有的节日,也是最古老最隆重的一个传统节日。

世界各地,凡有华人居住之处,春节都是要过的。春节是家人欢聚和亲友之间沟通感情的最佳时光。就连机关、学校、部队厂矿等团体,在春节也要举行团拜,上下级之间、同事之间互相恭贺新禧,预祝新的一年万事如意。

单位领导致辞

例:

同志们、朋友们:

当雪花飞舞出漫天诗意时,当自古旷远的钟声敲打出世纪呼喊时,当火红朝霞染尽悠悠河川时,我们终于迎来了1999年春节。距21世纪只有一步之遥,已闻到她的气息,听到她咚咚的脚步声,这时的心情既激动,又惶恐。用什么样的礼物迎接她的到来?这是每一位炎黄子孙都深思的问题。

改革开放的总设计师邓小平同志为我们设计出了21世纪的宏伟蓝图,让我们牢记"振兴中华"的誓言,手捧着对1999年的虔诚,沿着邓小平理论指引的航向,阔步前进。

十二、情人节、三八节等节日礼俗

情人节礼俗

"情人节",起源于公元3世纪,是欧美和大洋洲的一些国家的民间节日。关于情人节的来历众说纷纭,一说当时在罗马帝国有一个圣教徒瓦伦丁,他因反抗罗马统治者对基督教徒的迫害,被捕入狱。在狱中,他得到典狱长女儿的悉心照顾,两人建立了感情。但是,瓦伦丁并未幸免于难,在公元270年2月14日被处死刑。临别前,他给典狱长女儿写了一封信,表明自己光明磊落的心迹和一片情怀。后来,基督教徒为了纪念瓦伦丁,把这一天定为"情人节"。二说是有个基督徒瓦伦丁,因违背皇帝的旨意,秘密为青年人举行婚礼,遭监禁致死,死后成了情人们的"守护神","情人节"是为了缅怀他而立的。还有一说是起源于古罗马的"牧神节"。为了纪念牧神卢珀库斯,古代每年此日举行游戏或舞会,这时每个男青年都可以从"签筒"里抽出写有某少女名字的签片,被抽中的姑娘就成了他的情人,因此称这一天叫"情人节"。

在我国近些年来也流行过情人节。到这一天情侣们会不约而同地向对方赠送纪念品。或送一支玫瑰，或送一张贺卡，或安排一个有意义的活动，以物寓情，以情动人。这不同寻常的一天，不同寻常的话，不同寻常的纪念物使情侣们心的纽带联结得更紧了。

"三八"妇女节礼俗

3月8日，是国际妇女斗争的纪念日，是世界各国劳动妇女为争取和平、民主、自由而奋斗的日子。

1909年3月8日，美国芝加哥市的女工为争取自由平等，反对资产阶级的压迫、剥削和歧视，举行了规模巨大的罢工和示威游行，得到广大劳动妇女的热烈响应。为纪念1909年3月8日美国芝加哥女工罢工，为促进各国劳动妇女团结和解放，定3月8日为国际劳动妇女节。

在"三八"节这一天，各机关、厂矿、学校等单位都要召开庆祝会。单位领导和妇女同志们欢聚一堂，畅谈妇女们在各条战线、各行各业所作出的功绩，抒发感情，激励斗志，憧憬未来。

清明节致辞

清明节，是祭奠死者的日子。

"清明时节雨纷纷，路上行人欲断魂。"这是清明时节的真实写照。祭奠活动分两种形式：一是家祭，去墓地或殡仪馆祭扫，宣读祭文；二是集体祭，去烈士陵园缅怀英烈的丰功伟绩，激发爱国热情，一般由学校和各级团组织举行。以下仅举两例祭文范例。

例一：

祭兄长

维：

××××年×月×日，弟惊闻兄长不幸溘逝，清明节备供品纸钱祭奠，谨向兄长×××之亡灵吊文哭诉：自幼手足之情，共盖一床被，共吃一锅饭，同侍父母，共撑门户，秉性仁厚，惟苦自己。谁知正当壮年，撒手尘寰。为弟痛断肝肠，今已阴阳相隔，何处问津？悼念兄长手足之情何处去伸？

聊备果品寄衷肠，兄长有灵来品尝。哀哉痛哉，尚飨。

例二：

祭英烈

当我们迎着晨曦背着书包上学的时候，当我们坐在安静的教室里听老师讲课的时候，当我们结束一天的学习进入香甜的梦乡的时候，我们怎能忘记你们啊，祖国的卫士。是你们用自己的青春热血维护和捍卫了这温馨的一切，把幸福留给别人，自己甘愿化为一捧黄土，这是怎样的情操和伟大！共和国不会忘记你们，下一代不会忘记你们，你们的英名将流芳千古，被后人所敬仰！我们要继承你们的遗志，完成你们未竟的遗愿，让祖国更加富强美丽！

英烈们安息吧！

××年×月×日

"五一"节致辞

5月1日，是全世界劳动人民的节日，象征着国际劳动人民团结、战斗、胜利的光辉历史的纪念日。每年的5月1日，各国人民根据本国的社会制度，往往要举行不同方式的庆祝活动。有些国家还要举行盛大的游行式和阅兵式。在我国，"五一"节这天，一些厂矿、企事业单位都要召开庆祝会、座谈会，单位领导、职工们在会上畅谈感想，抒发感情，以此纪念自己的节日。

单位领导致辞

同志们：

"五一"国际劳动节，是一个不平常的、值得纪念的日子。它是1889年7月，以恩格斯为领导的第二国际，为纪念1886年5月1日，美国芝加哥20万工人举行了声势浩大的罢工游行，要求改善劳动条件，实现八小时工作制而产生的。从此，5月1日，就成了全世界劳动人民团结战斗的节日。

如果说过去工人阶级的历史，是一部反剥削、反压迫，为维护自己权益的斗争史，那么现在，工人阶级谱写的却是一部科技革命的攻坚史。

随着时代的发展和社会进步，工业生产现代化程度越来越高，科技含量越来越大，为了实施"科技兴国"的战略，培养一个高素质的职工队伍已刻不容缓。特别是我们这样一个重点企业集团，一定要在国有企业改革中做出表率，体现社会主义的优越性，进一步解放思想，解放生产力。希望全体员工，一定要以主人翁的姿态迎接时代的挑战。我们要用科学的思想武装头脑，做一个有理想、有道德、有知识、有纪律的四有新人，在四化建设中再立新功。

职工代表致辞

例一：

今天是"五一"国际劳动节，是我们工人阶级自己的节日。

每年庆"五一"，每年都会给我一个新的感受，这不仅仅是一种当家做主的自豪感，而且还有一种历史的使命感和紧迫感。历史将进入21世纪，我们如何迎接新世纪的到来，这是每一位职工都值得深思的问题。现在，我国经济体制发生了翻天覆地的变化，社会主义市场经济日趋完善，市场竞争日益激烈，而且还要与世界接轨。时代已向我们提出了挑战，我们将面临抉择。从我厂目前情况来看，老职工多，职工子女多。工人中，大多数只是初、高中文化程度，仅有个别人有大专学历。这种现状与当今世界科技事业迅猛发展，新科技、新技术不断推陈出新的形势极不适应，如果我们仅仅停留在这种水平，那么，为现代化强国做贡献就无从谈起。因此，从现在起，我们要从自身抓起，不断更新知识，掌握现代科技，刻苦钻研，努力奋进，抢时间、争速度，与时间赛跑，绝不能被时代所淘汰。

例二：

在春光明媚、山花烂漫的时节，我们迎来了"五一"国际劳动节。这是劳动者自己的节日啊，我们每个人心中都涌动着一股豪迈激情。我们是改造世界的先驱者，我们是创造财富的劳动者。我们推动着时代的进步，推动着社会的发展，同时也发展着我们自己，壮大着我们自己。工人阶级，在伟大的社会主义革命和建设实践中正在完成脱胎换骨的转变，但是，在社会主义新时期，依然要保持工人阶级的本色。

我们——伟大的工人阶级，过去是，现在是，将来也必定是一支冲在时代前列的生力军！

"五四"青年节致辞

5月4日是青年节，它是为了纪念1919年5月4日中国青年不屈斗争的历史。它激励广大青年应当继续发扬五四精神。

这一天，学校、机关、厂矿、部队，凡是有共青团组织的单位都举行庆祝会、联谊会，单位领导、团员、青年们踊跃发言，或励志或抒发情怀，其场面是热烈而感人的，真正体现出一种青春的活力。

单位领导致辞

例一：

团员、青年们：

你们好！

今天是"五四"青年节，我代表机关党委向你们致以节日的问候，祝你们节日愉快，万事如意。

青年，是民族的希望，是祖国的未来，青年人身上焕发着勃勃朝气，这是中老年人无法比拟和望尘莫及的。毛主席他老人家就把青年比做早晨八九点钟的太阳，把希望寄托在青年身上。

在社会主义事业的新长征中，青年是一支生力军，是社会主义事业的接班人，是党的有力助手。长江后浪推前浪，一代更比一代强。值此"五四"青年节之际，我以机关党委的名义，祝愿你们工作好，学习好，身体好。为伟大祖国的强盛贡献力量和青春。

例二：

青年同志们：

革命先驱李大钊同志有句名言："青年者，人生之季，人生之春，人生之华也。"愿我们的青年在当今改革开放的大潮中，领尽风骚，鳌头独占。我们将为你们提供施展抱负的大舞台。团员、青年们努力奋斗吧！

团员致辞

例：

今天是"五四"青年节，机关团委把全体团员、青年召集在一块儿，召开这个庆祝会，大家感到非常高兴。

我们单位里，团员青年占了一多半，大家在工作学习中，比学赶帮，谁也不甘落后。最近技术质量处还获市级"青年文明号"的光荣称号。当这一消息公布后，各团支部都纷纷写了决心书和保证书，表示要向技术质量处团支部学习，争创先进。

我作为技术质量处团支部书记，对此感到既喜且忧，大家要向我们学习，这是对我们的鼓励和鞭策，但我深感自己的工作还有许多不足，唯恐辜负了同志们的希望。精神文明和物质文明，这是实现四化的前提，缺一不可。当前，全国人民都在进行以市场经济为主的经济建设。我们每个团员青年更应站在时代的前列担当重任，"天将降大任与斯人也"，这既是历史的使命，又是我们的责任。在此，我借"五四"青年节之际，代表技术质量处团支部向大家表示，绝不辜负领导和同志们的期望，在今后的工作学习中，不骄不躁，继续努力，争取更大成绩。

青年代表致辞

例：

青年朋友们：

望着面前一张张和我一样年轻的面庞，我抑制不住自己的激情，请允许我为大家朗诵一段拙作：

青年，梦幻的年纪——我们在梦幻中焦渴地呼唤着春天，又将在春天里编织新的梦幻！如果林子里有两条岔路：一条芳草萋萋，不曾被践踏；一条足印斑斑，有许多人走过。朋友，你将选择哪一条？我相信你会去踩出一条新路。我们命定的目标，不是享受，也不是受苦，而是要使每一天都比昨天更进一步。

全力以赴，献身于一种美好事业，这是我们的最大愿望，也是我们的最大幸福。

母亲节礼俗

母亲节是每年五月的第二个星期天。母亲节的由来已久，最先是由一个叫安娜·M·贾维斯的小学教师提议确立的。它提议人们应当孝敬自己的母亲，因为母爱是最无私的。但是最终是美国总统伍德罗·威尔逊向全国正式宣布的。

中国近些年也根据这个日子，开始过母亲节。母亲节这一天，按照传统是全家团聚并且让母亲从家务之中解放出来的日子。一些家庭还召开一个别开生面的庆祝会，颂扬母亲的功德和品质，从中感受母亲的伟大。

"六一"儿童节致辞

6月1日，是国际儿童节，是全世界儿童的节日。这一天全国各地的小学校都普遍开展各种庆祝活动。学校领导、小学生代表、家长代表都在庆祝会上致辞。

学校领导致辞

例：

各位同学、各位家长们：

你们好！

今天是"六一"国际儿童节，是全世界儿童的节日。从

1949年，中央人民政府规定"六一"国际儿童节为中国儿童的节日以来，每年的"六一"我们都要举行这样的庆祝会。目的就是为了让孩子们从小就感受祖国的温暖，从小就点燃起爱国热情，这对孩子们今后选择人生道路将起着重要作用。

孩子是祖国的花朵，老师就是那辛勤的园丁，花朵必须靠园丁的辛勤培育才能茁壮成长。同时，家长又是孩子的启蒙老师，家长的一言一行，一举一动，都会对孩子的发育成长产生一定的影响。为了孩子，我们的老师和家长们一定要互相配合，创造出一个适合少年儿童身心健康发展的良好环境。

值此"六一"国际儿童节之际，我代表学校，向祖国的花朵们致以节日的问候，祝你们好好学习，天天向上。

十三、建党、建国节日礼俗

"七一"建党节致辞

7月1日,是中国共产党成立的纪念日。每当这一天,各机关、厂矿企业、部队、学校普遍召开庆祝会、座谈会,单位领导、老党员、干部、工人纷纷畅谈感想和体会,抒发对党的热爱之情。

单位领导致辞

例一:

今天是中国共产党成立纪念日,我想在座的所有同志都是怀着激动的心情参加这个庆祝会的。回顾我党自1921年建党以来,七十多年的风风雨雨,七十多年的艰难险阻都没有阻挡我党的脚步。我党所走过的路,是由小到大,由弱到强,不断发展,不断壮大的路;是顺乎民心,为人类求解放的路。正因为如此,我党在世界格局发生激烈动荡、变革、分化瓦解,过去的社会主义政党都已解体的情况下,依然屹立在世界的东方,领导着中华民族不断奋进,不断腾飞。

如果说过去我们说的是：没有共产党，就没有新中国。那么现在，我们却说的是：没有共产党，我们就不能奔小康。我们的总设计师邓小平同志早已为我们绘出了宏伟绚丽的蓝图，让我们在以江泽民同志为首的党中央的领导下，按照党所指引的道路大步往前走。

例二：

同志们：

在党的生日这一天，我们又有五名同志站在党旗下举手宣誓，成为中国共产党党员。回顾我们党的历史，正是依靠这些优秀儿女，经过前仆后继的奋斗，才取得今天这些令世人瞩目的成就。尽管一些过去社会主义阵营中的党分散解体，制度也发生了根本的变化。但我们中国共产党却红旗不倒，始终带领着全国各族人民为实现四个现代化而努力奋斗着。虽然我们党内一些人有腐败现象，但我们党的大多数党员是好的，出现了许多诸如孔繁森式的好干部，为我们树起了一座丰碑，这是我们党的骄傲，也是我们党的力量之所在。今天这五位同志的加入，为党组织增加了新鲜血液，在此，我向你们表示祝贺，希望你们起到一个共产党员的先锋模范作用，用实际行动为党旗增色添彩。

"八一"建军节致辞

8月1日，是纪念1927年中国人民解放军的建立。这天，部队首长十分重视,要举行庆祝会来庆贺,首长、战士们都要选代表在会上致辞。

首长致辞

例：

同志们,今天是"八一"建军节,是中国人民解放军诞生七十五周年纪念日。

七十五年前,为了挽救革命,中共中央临时政治局于1927年7月召开紧急会议,决定在江西南昌举行武装起义,并成立了以周恩来为书记的前敌委员会。任命贺龙为总指挥,叶挺为前敌总指挥,组织和领导起义。

1927年8月1日凌晨,举行了起义,经过五个小时的激战,全歼敌军一万余人,占领了南昌城,起义宣告胜利。中国共产

党领导的一支革命军队建立了，从此，每年的8月1日，成为我军的建军节。

回顾我军自建军以来所走过的历程，辉煌而充满艰辛。毛主席的枪杆子里面出政权的英明论断，赋予了人民军队光荣而神圣的使命。从过去的工农红军到八路军、新四军，直到现在的解放军，名称变了，但它的宗旨不变，那就是，全心全意为人民服务。过去是为人民打天下，现在就是为人民保天下，军队是人民的子弟兵，其深刻的内涵就在这里。

当前，全党全国都在进行以经济建设为主要任务的四个现代化建设，军队也要进行国防现代化建设，也要为祖国四个现代化建设添砖加瓦。我们要时刻牢记江泽民总书记为我军的题词："政治合格，军事过硬，作风优良，纪律严明，保障有力。"我们要在实践中认真贯彻落实江泽民同志的指示，在社会主义的新时期，继续发扬我军光荣传统，为社会主义两个文明建设再立新功。

值此"八一"建军节之际，我向同志们致以节日的祝贺！

谢谢！

地方代表致辞

例：

全体驻军和武警部队全体官兵：

在"八一"建军节到来之际，市委、市政府代表全市人民特向你们表示亲切的慰问和节日的祝贺！

1998年是我国和我区历史上极不平凡的一年。在这一年里，你们深入贯彻新时期军队建设方针，按照军委江泽民主席提出的"政治合格，军事过硬，作风优良，纪律严明，保障有力"的五句话的总体要求，全面加强部队建设，圆满完成了卫国戍边、维护社会安宁稳定的光荣任务。与此同时，你们贯彻执行党的路线、方针、政策，自觉服从经济建设大局，积极投身经济建设的主战场，为全市的改革开放和社会主义现代化建设贡献力量。你们大力弘扬社会主义精神文明，奋勇抢险救灾，积极开展扶贫攻坚，为社会进步做出了重要贡献。全市的每一项成就的取得，都离不开你们的鼎力相助，都凝聚着你们的心血和汗水。在此，谨向你们致以崇高的敬意和衷心的感谢！

今年是完成自治区提出的实行"两个转变"，实现"两个提高"，完成"两大历史性任务"的关键一年。在新的一年里，让我们高举邓小平理论伟大旗帜，在以江泽民同志为核心的党中央和中央军委的领导下，党政军民更加紧密地团结起来，同心同德，携手并肩，为实现跨世纪的宏伟目标，实现祖国繁荣稳定，建设团结、富裕、文明的新型都市而努力奋斗！

教师节致辞

9月10日，是"教师节"。这天，全国各大、中、小学校都要举行庆祝会，学校领导、教师代表、学生代表、家长代表都要进行热情洋溢的致辞。它表明了我国十分重视教育事业，以及尊师重教的优良传统。现就致辞举几例如下：

学校领导致辞

例：

各位老师、同学、家长们：

你们好！

今天是教师节，是那些辛勤地工作在教育战线上的园丁们的重大节日。

自1985年1月21日，第六届全国人民代表大会常务委员会第九次会议同意国务院关于建立教师节的议案。决定9月10日为教师节至今已有几年的历史了。我国建立教师节的目的，就是为了进一步提高人民教师的政治地位和社会地位，逐步使教师工作真正成为社会上最受人尊敬的职业之一，形成尊师重教、尊重知识、尊重人才的社会风尚。实践证明，随着科学教育的不断普及和深入，教师在国民心目中的地位越来越重，所起的作用越来越大，可以毫不夸张地说，中华民族未来之兴衰，教师的作用举足轻重。

作为人民教师，我们身上所肩负的历史使命是深远而重大的，我们要时刻铭记历史重托，以天下重任为己任，以"春蚕到死丝方尽，蜡炬成灰泪始干"的敬业献身精神，为祖国培养出一批又一批高素质的跨世纪人才，为祖国的繁荣昌盛做出贡献。

最后祝教师们节日愉快！

教师代表致辞

例：

今天我怀着激动的心情，参加"教师节"庆祝会。教师历来是个比较受重视的职业,当今世界上有许多国家都有"教师节",许多国家社会上已形成了尊师传统。我国历来也把尊师重教放在提高国民素质的首位,虽然在"文化大革命"中,知识被贬值,知识分子被说成"臭老九",但人们渴望掌握知识、摆脱愚昧的愿望,是任何东西都阻挡不了的。特别是在科学技术迅猛发展的今天,人们对知识的渴求,已到了如饥似渴的程度。因为人们正逐渐懂得"知识就是生产力"这个道理。随着对这个道理的逐步理解和加深认识,人们对知识的传播者"教师",就更加尊重和敬仰。作为一名人民教师,我深深地爱着这一行。当我看到一届又一届的学生从我教过的班级里毕了业,心里是万分高兴和无比自豪。我愿做人梯,让学生踩着我的肩膀去攀登那一座又一座知识的高峰。

学生代表致辞

例:

亲爱的老师们,首先让我代表全校同学向你们致以节日的问候,对你们深情地道一声:"老师,您辛苦了。"

从我们带着童趣,睁着好奇的眼睛走进学校那一刻,老师这个知识的化身,就和我们结下了不解之缘。在老师的辛勤培育下,我们吮吸着知识的甘露,沐浴着灿烂的阳光,一个个从稚嫩的幼苗长成挺拔的大树。在我们的心目中,老师就是严父慈母,是你们用全部精力为我们建造着光明的灯塔,今后无论我们走到何方,老师的培育和教诲都将陪伴着我们。值此教师节之际,请老师收下我们最诚挚的谢意和深深的祝福。

国庆节致辞

10月1日是中华人民共和国成立的纪念日，亦称"国庆节"。每当这一天，全国各族人民普天同庆，到处荡漾着欢乐的歌声。庆祝形式多种多样，最普遍的是召开庆祝会，庆祝会上人们争相畅谈自己的感想，抒发对祖国的挚爱之情。还有海外旅游观光团，借国庆之日前来观光。

单位领导致辞

例：

今天是我们伟大祖国诞生四十九周年纪念日，普天同庆，万民同乐。这四十九年来，虽然她遭受过磨难，经历过坎坷，

但依然如巨人般屹立在世界的东方。特别是随着改革开放的不断深入，在邓小平理论指导下，踏上了世界进步的节拍，并且显示着越来越强大的力量。"九七"香港回归就是一个有力的证明。百年耻辱，一朝得雪，令世人刮目相看今日的中国。

我们作为龙的传人，就是要在这世纪之交翻云覆雨，再显神威。让世界了解中国，让中国走向世界。

职工代表致辞

例一：

中华民族是龙的故乡，炎黄子孙是龙的传人，在今天这个万民同乐的时刻，我特地向祖国献诗一首，表达儿女对她的赤诚之心。

古国神韵

龙的故乡，

翻云覆雨日日显神威。

旭日东升，

高天阔地多富有。

这里的传说动人，

这里的历史悠久，

古国神韵，

璀璨东方可爱的大神州。

四大发明让世界知道了华夏，

万里长城的雄姿已耸立千秋。

莽原沃土，

孕育中华民族之锦绣。

实现四化，

十二亿人神采入心头。

这里的画意如梦，

这里的诗情如酒，

古国神韵，

璀璨东方可爱的大神州。

狮舞龙盘演绎着民族之精髓，

炎黄子孙的创举飞扬着风流。

例二：

我们向来把祖国比作母亲。在母亲的诞辰之际，我愿向祖国母亲，献上儿女的一片心意：

献给祖国的歌

依着那温暖的怀抱，

我喃喃地呼叫；

吸着那甘甜的乳汁，

我什么也不要。

祖国——母亲

母亲——祖国

您奋斗了四十九个春秋，

为炎黄子孙争得了荣耀，

在民族之林中扬眉吐气，

令海外游子们魂牵梦绕。

母亲——祖国

祖国——母亲

看着您慈爱的面容，

我对您微笑；

为着您博大的情怀，

我为您骄傲。

圣诞节致辞

每年12月25日是基督教徒纪念耶稣基督诞生的日子，称为圣诞节。12月24日至翌年1月6日为圣诞节节期。这期间，各国基督教徒都举行隆重的纪念仪式。

传说很久很久以前的一个夜晚，耶路撒冷附近伯利恒的一个牲畜棚里，有位年轻的母亲将一名男婴生在刚刚喂过牲口、还剩有草渣的石槽里。这名男婴就是耶稣基督。人类从这一天开始了新的纪元，这就是世界上通用的"公元"。

但基督教会宣称：耶稣是由未婚的贞女玛丽亚因圣灵降孕而生的，是上帝之子，为拯救世人，从天降临人间的。

他主张平等、博爱，带领十二个门徒到处宣传教义，在巴勒斯坦地区耶路撒冷传教时，被犹太当权者法利赛人扭送到罗马驻犹太的巡抚本丢·波拉多衙门，以"称王惑众"罪判以极刑，钉死在十字架上。耶稣信徒，为了悼念他，每年都隆重纪念他的生日。

　　圣诞节致辞

例：

　　圣诞节只有一天

　　我们的友谊永恒

　　敞开你的心扉

　　让我诚挚的友情

　　填满你美丽的心怀

　　祝圣诞快乐